FIT AUF REZEPT

Das Kochbuch für Sportler

powered by Body Attack SPORTS NUTRITION

LIEBE FITNESS-FREUNDE,

vielleicht denken Sie jetzt gerade: schon wieder ein Kochbuch? Sie haben recht, doch es ist viel mehr als das: ein praxisnahes Ernährungs-Programm für alle, die mit einfachen Rezepten lecker, figurbewusst und leistungsoptimierend essen möchten.

Abwechslung auf dem Teller tut gut. Wir mögen es mal süß, mal salzig, mal herzhaft. Wer nicht darauf achtet, landet schnell beim Junkfood. Etliche Diätkonzepte bieten zwar kalorienreduzierte Rezepte, die aber oftmals Muskelaufbau und Ausdauer vernachlässigen. Außerdem sind sie meist aufwendig und lassen sich nur schwer in den Alltag integrieren. Die Folge: Das mühsame Planen, Einkaufen und Zubereiten ist eine Kampfansage an den eigenen Schweinehund. Gewohnheiten müssen so stark umgekrempelt werden, dass man schnell wieder aufgibt. Dieses Kochbuch zeigt Ihnen einen besseren Weg.

Ich verbiete weder Bratwurst, Kekse noch Schokolade. Verzicht ist unnötig, Genuss erlaubt. Aus diesem Grund wird Ihre Ernährungs-Umstellung problemlos durchzuhalten sein. Damit Sie immer satt sind, lege ich in meinen Rezepten großen Wert auf Protein, das längst als bester Satt- und Schlankmacher gilt. Die Muskeln müssen beim Abnehmen unbedingt erhalten bleiben – Eiweiß schützt vor Muskelabbau. Schließlich sind die Muskeln unsere besten Helfer. Sie ziehen ihre Energie zum Großteil aus Fetten. Ob Sie einfach nur abnehmen wollen, von einem durchtrainierten Körper träumen oder Ihre Leistung als Freizeit- oder Leistungssportler steigern möchten – mein Programm eignet sich für alle, die etwas für ihre Figur tun wollen. Wer viel Sport treibt, darf dabei mehr Kohlenhydrate essen. Ansonsten funktioniert mein Erfolgsrezept bei allen Zielen gleich.

Verstehen Sie dieses Buch als einen Begleiter, der Ihnen auf einfache Weise mit vielen leckeren Rezepten dabei hilft, sich optimal zu ernähren.

Ihr Hajo Jäger

STOFFWECHSEL

Es ist gut zu wissen, welchen Einfluss der Energie-Stoffwechsel auf Ihr Essverhalten hat – und wie viel Sie brauchen, um Ihr Ziel zu erreichen

Jede Körperzelle benötigt Energie, um zu überleben. Deshalb müssen wir regelmäßig essen – idealerweise eine gesunde Mischung aus Eiweiß, Fett und Kohlenhydraten mit ausreichend Vitaminen, Mineral- und Ballaststoffen. Der Körper nutzt das meiste, was er bekommt, um den Grundumsatz zu sichern. Also um uns warm zu halten, Nährstoffe zu den Körperzellen zu bringen, die Organe zu durchbluten und zum Beispiel dafür zu sorgen, dass wir geistig fit bleiben.

Wie hoch der Grundumsatz ist, das hängt von verschiedenen Faktoren ab. Frauen haben zum Beispiel weniger Muskelmasse, weniger stoffwechselaktive Hormone und mehr Fettgewebe als Männer. Deshalb liegt ihr Grundumsatz 6 bis 10 Prozent niedriger als seiner. Kinder und Jugendliche brauchen besonders viel Energie, weil sie wachsen. Erst mit zunehmendem Alter – wenn die Muskeln an Kraft verlieren und der Stoffwechsel nicht mehr so aktiv ist – sinkt der Grundumsatz.

Bei jedem Menschen ist der Grundumsatz anders

Je größer und schwerer man ist, desto mehr Energie muss der Körper für die Stoffwechselarbeit und Wärmebildung aufbringen. Muskulöse Menschen mit wenig Fett haben daher einen höheren Energieverbrauch als schlanke oder normalgewichtige Menschen. Für den durchschnittlichen Grundumsatz gilt der allgemeine Richtwert von 1 kcal pro Kilogramm des Körpergewichts pro Stunde. Das heißt, wer 70 Kilo auf die Waage bringt, braucht 1680 kcal am Tag – ohne Aktivitäten. Auch Hormone spielen dabei eine Rolle. Wer an Unter- oder Überfunktion der Hormondrüsen (zum Beispiel der Schilddrüse) leidet, nimmt wegen des veränderten Grundumsatzes schneller zu oder ab.

Das Nervensystem ist bei Sportlern oder hyperaktiven Menschen so aktiv, dass das Zusammenspiel zwischen Muskeln und Nervenbahnen den Grundumsatz erhöht. Wenn es kurzfristig hoch hinaufgeht (zum Beispiel im Gebirge), muss unser Körper ebenfalls mehr leisten. Je höher wir kommen, desto weniger Sauerstoff steht zur Verfügung. Das heißt: Um die normale Atmung am Laufen zu halten, muss der Grundumsatz steigen.

Vielleicht kennen Sie das Gefühl, dass das Leben anstrengender ist, wenn Sie im Stress, verletzt, bedrückt oder krank sind oder Schmerzmittel einnehmen müssen. Auch dann steigt der Grundumsatz – und zwar um bis zu 40 Prozent. Nicht zuletzt kommt's noch aufs Wetter an: Ist es tropisch heiß draußen, verbraucht der Körper 10 bis 20 Prozent weniger Energie als in der eisigen Winterzeit. Bei Kälte muss er also mehr Wärmeenergie bilden. Damit das klappt, wird der Grundumsatz wieder angekurbelt. Kein Wunder, dass vielen das Abnehmen im Winter leichter fällt.

Übrigens: Wer sich allzu strenge Diäten verordnet, ist meist überrascht, dass er schneller friert, Muskeln abbaut und wie im Schongang durch den Alltag geht. Das hat die Natur so angelegt: Merkt der Körper, dass zu wenig Essbares kommt, befürchtet er eine Hungersnot und stellt seinen Stoffwechsel auf Sparprogramm um.

Sobald es Nahrung gibt, kurbelt der Körper den Energieverbrauch wieder hoch. Schließlich müssen das Essen verdaut und wichtige Nährstoffe eingelagert werden. Wie viel Kraft das kostet, hängt von der Art der Nahrung ab. Um Proteine abzubauen, muss der Körper sehr viel tun: 20 Prozent seiner Energie wendet er dafür auf. Die Kohlenhydrate sind mit neun Prozent leichter weg. Die Fettverdauung schlägt nur mit vier Prozent zu Buche. Fazit: Je proteinreicher die Nahrung ist, desto mehr Energie muss der Körper aus den eigenen Reserven bereitstellen – und die holt er aus den Fettpolstern.

Das kommt nicht nur der Verdauung, sondern auch der Wärmebildung zugute. Die Folge: Wir fühlen uns satter und zufriedener, weil mehr Sättigungshormone in die Blutbahnen gelangen. Das ist auch ein Grund, warum Low-Carb-Diäten so gut funktionieren. Nicht nur Abnehmwillige machen sich das zunutze. Auch Bodybuilder profitieren davon. Ihre Körperzusammensetzung verbessert sich durch eiweißreiche Ernährung, weil der Körper die Energie aus den Fettreserven zieht.

Den größten Teil unseres Energieverbrauchs macht aber das aus, was wir den ganzen Tag tun: Ob im Job oder in der Freizeit – jede körperliche oder geistige Tätigkeit

ZUM ABNEHMEN

Achtung: Wer übermäßig Sport treibt und dabei zu wenig isst, baut leider auch Muskeln ab. Das allein ist schon schlecht, aber auch die Stoffwechselfunktionen schalten durch eine Nährstoffunterversorgung einen Gang runter – mindestens. Und schon verliert man sehr schwer an Gewicht. Im Gegenteil: Es kann sogar passieren, dass man schnell wieder zunimmt. Denn wer wenig isst, wird ruck, zuck Opfer von Heißhunger-Attacken. Das schlägt aufs Gemüt und führt letztlich zu Frustessen mit Jo-Jo-Effekt.

bezeichnen Fachleute als Leistungsumsatz, der natürlich weit über den Grundumsatz hinausgeht. Wer körperliche Schwerstarbeit leistet und die Muskeln ständig strapaziert, verbraucht mehr Energie als jeder Schreibtischtäter. Klar, dass der Schwerarbeiter auch mehr essen muss.

Bewegung fordert Ihrem Körper massig Kalorien ab

Die Übergänge sind dabei fließend. Denn sobald zum Beispiel ein Leichtarbeiter anfängt, nebenbei Sport zu treiben, und bald auch tatsächlich regelmäßig trainiert, verändert sich sein Energiebedarf. Er braucht dann zwischen 300 und 600 Kalorien mehr, beziehungsweise verbrennt die entsprechende Menge pro Trainingsstunde. Je mehr die Muskeln arbeiten müssen, desto stärker steigen auch die Wärmebildung und der Energieverbrauch. Beginnt ein Freizeitsportler, sein Training zu intensivieren, und findet bald so viel Spaß und Freude daran, dass er einen Großteil seiner Freizeit beim Training und bei Wettkämpfen verbringt, kann er schnell zum Schwer- oder sogar Schwerstarbeiter werden.

Wichtig: Stellen Sie Ihren Ernährungsplan mit den Rezepten aus diesem Buch Ihrem Training entsprechend zusammen. Wenn Sie mehr als dreimal pro Woche trainieren, bauen Sie zusätzliche Kohlenhydrate ein. Bei Fragen können Sie mich als Fitnesskoch von Body Attack gerne kontaktieren.

Wer mit Wandern, leichtem Schwimmen oder Gymnastik einsteigt, verbraucht drei bis vier Kalorien pro Kilo Körpergewicht in einer Stunde. Setzt er sich ins Trimm-Kanu, steigt der Verbrauch auf fünf bis sechs. Joggend, radelnd oder Ski laufend baut er neun bis zehn Kalorien pro Kilo Körpergewicht ab. So geht's weiter – bis zum Radrennen, Ski-Langlauf oder Bergsteigen mit 17 bis 19 Kalorien pro Kilo. An der Spitze stehen schweres Boxtraining und Marathonlaufen mit einem Tempo von 18 Stundenkilometern (21 bis 23 Kalorien). Ein 70 Kilo schwerer Sportler würde beim Dauerlauf mit einem Tempo von 12 bis 14 Kilometer pro Stunde bis zu 840 Kalorien abbauen. Um gesund und fit zu bleiben, muss er entsprechend viel essen. Gesundheitlich bedenklich kann es werden, wenn Sportler sehr starke

Muskeln brauchen, aber nur wenig Gewicht auf die Waage bringen dürfen – wie Balletttänzer, Skispringer oder Bodybuilder in speziellen Gewichtsklassen. Sie verbrauchen im Training nicht nur Energie. Auch Wasser und Mineralien gehen über den Schweiß verloren. Zudem braucht der Körper mehr Vitamine, damit der Energiestoffwechsel funktioniert. Man spricht dann von einer negativen Energiebilanz, die mit einem Gewichtsverlust einhergeht. Sportler sollten deshalb nicht weniger als 2500 (Sportlerinnen 2000) Kalorien zu sich nehmen, wenn sie leistungsfähig bleiben wollen.

Wer abnehmen und überflüssiges Fett abbauen will, braucht eine negative Energiebilanz. Er muss weniger Kalorien essen, als er verbraucht.

Beim Berechnen der einzusparenden Kalorien spielen Ausgangsgewicht, Geschlecht, Alter und Sportintensität eine Rolle. Danach wird eine tägliche Energiezufuhr zwischen 1200 und 2500 Kalorien errechnet. Um 1 Kilo abzunehmen, muss man über die Ernährung 7000 Kalorien einsparen. In der Praxis sieht das so aus, dass man die ersten 2 bis 4 Wochen die tägliche Energiezufuhr um 500 Kalorien reduziert. Haben Sie zuvor 2500 Kalorien gegessen, sind es jetzt nicht mehr als 2000. Sind nach 2 bis 4 Wochen 1 bis 2 Kilo geschmolzen, haben Sie eine negative Energiebilanz und alles richtig gemacht.

Wer Muskeln aufbauen möchte, braucht eine positive Energiebilanz. Die Zufuhr muss größer als der Bedarf sein.

Hier müssen Sie in den nächsten zwei bis vier Wochen Ihre Energiezufuhr um 500 Kalorien steigern. Nimmt das Körpergewicht währenddessen zu, wurde eine positive Energiebilanz eingehalten.

BÜROJOB ODER BAUARBEITER?

Der Kalorienverbrauch passt sich an

✕ Sogenannte **Leichtarbeiter** (z. B. Angestellte, die vorwiegend am Computer sitzen, Pkw-Fahrer oder sitzende Fließbandarbeiter) verbrauchen je nach Alter täglich zwischen 2000 bis 2500 Kalorien (Männer) beziehungsweise 1200 bis 2000 Kalorien (Frauen).

✕ Wer ständig stehen oder zwischendurch immer wieder aufstehen und herumlaufen muss, gilt als **Mittelschwerarbeiter** (z. B. Verkäufer, Mechaniker, Maler, Elektriker). Hier verbrauchen Männer 2500 bis 3000 Kalorien pro Tag, Frauen 500 Kalorien weniger.

✕ Als **Schwerarbeiter** (z. B. Maurer, Zimmermann, Landwirt, Masseur, Dachdecker) gelten auch die Leistungssportler. Bei ihnen schlagen täglich 3000 bis 4000 Kalorien (Männer) bzw. 3000 Kalorien (Frauen) zu Buche.

✕ Nur **Schwerstarbeiter** (Beton-, Hochofen-, Gleis- oder Waldarbeiter) und Hochleistungssportler setzen noch mehr Energie um: Hier können es mehr als 4500 Kalorien täglich werden.

KOHLENHYDRATE

Nimmt man sie in der richtigen Form und zur richtigen Zeit zu sich, sind sie Gold wert. Und in der Kombi mit Ballaststoffen liefern sie ein Rundum-Paket für Gesundheit und Fitness

Kohlenhydrate werden heute oft als Dickmacher verteufelt. Das ist Blödsinn. Denn sie sind grundsätzlich für Sportler und Muskelarbeiter unentbehrlich. Sie werden im Körper sofort in verwertbare Energie, in ATP (Adenosintriphosphat), umgebaut. Das ATP ist das Benzin der Muskeln und verleiht ihnen Schnellkraft und Kraftausdauer. Der Mensch braucht Kohlenhydrate auch für den Aufbau von Knorpelgewebe und von Muzinen (z. B. Magen- und Darmsaft). Wer körperlich und geistig viel leistet, muss seinen Energiebedarf aus Kohlenhydraten decken. Das Gehirn, das Nierenmark und die roten Blutkörperchen bekommen die für sie unentbehrliche Glukose nur daraus.

Ein Großteil kommt aus pflanzlichen Lebensmitteln wie Brot, Nudeln, Reis, Kartoffeln, Obst, Müsli, Weizen, Fruchtsäfte oder Süßigkeiten. Ballaststoffe aus Gemüse, Hülsenfrüchten und Getreideprodukten zählen ebenfalls zu den Kohlenhydraten. Die sind insbesondere für die Verdauung wichtig, stabilisieren den Blutzuckerspiegel und machen angenehm satt.

Nicht nur für Veganer sind Ballaststoffe erste Sahne

Ballaststoffe gibt es in zwei Formen: Die wasserlöslichen und die wasserunlöslichen. Die unlöslichen sitzen in der Schale und in Randschichten von Pflanzen, Obst, Gemüse und Getreidekörnern (zum Beispiel in Roggen oder Hafer). Sie werden vom Körper ausgeschieden und liefern keine Energie. Deshalb heißen sie auch Füllstoffe. Sie machen lange satt und sorgen für eine gute Verdauung.

Wasserlösliche Ballaststoffe stecken in den Zellwänden unter anderem von Äpfeln, Zitrusfrüchten, Getreide (Hafer, Gerste), Spar-

gel, Artischocken, Hülsenfrüchten (Erbsen, Linsen, Bohnen) und Kartoffeln. Sie können Wasser und Mineralstoffe an sich binden und wirken positiv auf den Blutzuckerspiegel. Der Körper kann sie als Energie verwerten. Faustregel: Mindestens 30 Gramm Ballaststoffe pro Tag essen. Klingt vielleicht wenig, gelingt jedoch selten. Die meisten schaffen gerade mal 15 Gramm. Gut schneiden hingegen Veganer ab: Weil sie außer Getreide und Nüssen auch viel Obst und Gemüse essen, nehmen sie täglich bis zu 50 Gramm Ballaststoffe zu sich.

Zwei Portionen Obst und drei Portionen Gemüse

Und genau deshalb sollten in einer gesunden Ernährung jeden Tag 2 Portionen Obst und 3 Portionen Gemüse auf dem Speiseplan stehen. Was ist eine Portion? Ganz einfach: Alles, was auf eine Hand passt, wie zum Beispiel 1 Apfel plus 1 Banane oder 1 Orange und 2 Kiwis. Bei Beerenobst sind auch 2 Hände voll erlaubt. Beim Gemüse spricht man bei einer Portion von 2 Händen voll geputztem, zerkleinertem oder tiefgefrorenem Gemüse.

Wer lieber penibel abwiegt: Gesundheits- und Ernährungsexperten empfehlen in der täglichen Ernährung eine Menge von 250 g Obst und 400 g Gemüse. Eine Studie ergab, dass gerade die Männer das nur sehr selten schaffen (71 Prozent der Frauen und 53 Prozent der Männer).

Dabei landete bei beiden Gruppen Gemüse noch weniger auf dem Teller als Obst. Und das ist gaaaanz schlecht. Denn wer mehr als zwei Portionen Obst verzehrt, der bekommt damit mehr Trauben- und Fruchtzucker eingetrichtert, als ihm guttut. Das kann Gewichtszunahme und auch die Erhöhung der Blutfette begünstigen. Das heißt aber nicht, dass Obstfreunde jetzt auf alle leckeren süßen

Früchte verzichten müssen. Allerdings sollten sie um die besonders zuckerhaltigen Sorten einen Bogen machen und stattdessen lernen, die zuckerarmen zu lieben.

Wer abnehmen will, sollte auf Beerenobst setzen

Sind Bananen beispielsweise noch grün bzw. unreif, so ist die enthaltene Stärke noch nicht zu Zucker gereift. Das bedeutet, dass sie noch zuckerarm sind. Ist eine Banane hingegen gelb und etwas schwarzfleckig, ist sie sehr süß und zuckerreich. Natürlich bedeutet das nicht, dass ab heute unreifes Obst im Einkaufskorb landen sollte: einfach Clementinen, Orangen, Grapefruits, Erdbeeren, Himbeeren, Heidelbeeren, Kiwis, Äpfel, Birnen, Wasser- oder Honigmelonen kaufen – und genießen.

Noch wichtiger ist es allerdings, jeden Tag eine ordentliche Menge Gemüse auf den Speiseplan zu setzen. Also ran ans „Hasenfutter" – und schon tun Sie sich viel Gutes!

Darin stecken wichtige Nährstoffe wie z. B. Vitamin C und E, Carotinoide, Flavonoide, Saponine usw. Bei körperlicher Anstrengung und durch Umweltgifte kommt es im Körper zu oxidativem Stress und zur Bildung freier Radikale. Diese spielen wahrscheinlich eine Schlüsselrolle bei der Entstehung von Krebs, Herzinfarkt, Arterienverkalkung und chronischen Erkrankungen. Durch eine kluge Obst- und vor allem Gemüsezufuhr können die angriffslustigen freien Radikale unschädlich gemacht werden.

Keine Bange. Ich sorge mit den Rezepten ab Seite 40 dafür, dass das gut klappt und vor allem auch gut schmeckt.

TOP 5 DER CARBS

FÜR DEN AUSDAUERSPORTLER:

× Bananen
× Früchtemüsli
× Trockenfrüchte
× Vollkornbrot- und brötchen
× Nudeln

ZUM ABNEHMEN:

× Müsli mit Nüssen, Kernen und Samen
× Knäcke- und Low-Carb-Brot
× Vollkornreis und -nudeln
× Hülsenfrüchte (Kichererbsenpüree)
× Zuckerarmes Obst
    (z. B. Erdbeeren, Pampelmusen)

FÜR MUSKELAUFBAU:

× Hafer- und Gersteflocken
× Roggen- bzw. Eiweißbrot
× Kartoffeln
× Reiswaffeln
× Zuckerarmes Obst

Zuckerfalle: Wer reinfällt – und wie man sie umgeht

Leider nehmen wir einen Großteil unseres Kohlenhydratbedarfs über einfache Zucker auf – und zwar mit 20 Prozent doppelt so viel, wie uns guttut. Vor allem der versteckte Zucker in Form von Glukose, Fruktose, Laktose und Maltose schlägt zu Buche, weil er in vermeintlich „gesunden" Lebensmitteln wie zum Beispiel Milchprodukten steckt (siehe rechts).

Natürlich will niemand gänzlich auf Zucker verzichten. Wer es gerne süß mag, ist deshalb mit kleinen Mengen Süßstoff (Saccharin, Acesulfam-K) und Zuckeraustauschstoffen (Maltit, Lactit) gut bedient. Sie machen vieles leckerer, ohne dass das auf dem Kalorienkonto zu Buche schlägt und den Insulinspiegel belastet. Diabetiker, Sportler und alle, die schnell ein paar Kilo abnehmen wollen, profitieren davon.

Selbst Ausdauersportler sollten Zucker meiden

Obwohl sie nicht abnehmen wollen, sollten auch Ausdauersportler zuckertechnisch gesehen die Reißleine ziehen. Es sollten nicht mehr als 10 Prozent der täglichen Energiezufuhr sein. Nur wenn es im intensiven Training zu Engpässen oder Appetitverlust kommt, dürfen mehr Einfachzucker gegessen werden.

Zu viel Obst, gezuckertes Müsli, Weißmehlprodukte, Süßigkeiten, Fruchtsäfte, Pommes und Chips führen nämlich auf Dauer zu einer Berg- und Talfahrt des Blutzuckers, was sich im Training und im Wettkampf durch Unterzuckerung, Heißhunger, Schweißausbrüche und weiche Knie bemerkbar machen kann. Selbst wenn all das nicht zutrifft – auch ein paar Kilo mehr auf den Rippen können das Tempo bekanntlich empfindlich drosseln.

VORSICHT!

Zucker-Bomben

1 Becher (200 g)
✕ **Fruchtjoghurt/Früchtequark**
ca. 30 g Zucker

1 Stück (ca. 50 g)
✕ **Kuchen**
ca. 15–20 g Zucker

1 Glas (200 ml)
✕ **Fruchtmilch**
ca. 50 g Zucker

1 Tafel (100 g)
✕ **Vollmilchschokolade**
ca. 55 g Zucker

100 g
✕ **gezuckertes Müsli**
ca. 25 g Zucker

100 g
✕ **Gummibärchen/Fruchtgummi**
ca. 60 g Zucker

1 Becher (150 g)
✕ **Pudding**
ca. 20 g Zucker

1 Becher (200 ml)
✕ **heiße Schokolade/Kakao**
ca. 15 g Zucker

1 Glas (200 ml)
✕ **Fruchtsaft oder Limo**
ca. 20 g Zucker

1 Glas (200 ml)
✕ **Latte macchiato**
ca. 10 g Zucker

1 TL
✕ **Marmelade**
ca. 15 g Zucker

1 Glas (500 ml)
✕ **Weizenbier**
ca. 25 g Zucker

1 Portion (30 g)
✕ **Trockenobst**
ca. 15 g Zucker

1 EL (20 g)
✕ **Tomatenketchup**
ca. 5 g Zucker

Nun zu glykämischer Last und glykämischem Index

Den Begriff glykämische Last (GL) haben Sie möglicherweise schon öfter gehört. Er dient zur Orientierung, welche Form von Kohlenhydraten zu welchem Zeitpunkt und für welches Ziel optimal ist. In ihrer Funktion als Energielieferanten wirken Kohlenhydrate nämlich unterschiedlich auf den Blutzuckerspiegel – je nachdem, in welcher Geschwindigkeit sie verdaut werden. Die glykämische Last berücksichtigt auch die Kohlenhydratmenge, die Sorte, die Zubereitungsart, den Reifegrad und die Portionen, die ein Mensch üblicherweise isst.

Kohlenhydrate –
Tops & Flops

 ✗ Vollkornbrot und -brötchen ✗ Knäckebrot, Low-Carb-Brot bestehend aus Pflanzenproteinen (z. B. Erbsen, Weizen, Hafer) ✗ Salz- und Pellkartoffeln ✗ ungezuckertes Müsli ✗ Hülsenfrüchte ✗ Obst ✗ Vollkornnudeln ✗ Naturreis ✗ Amaranth ✗ Bulgur ✗ Couscous ✗ Quinoa und Kamut

 ✗ Helle Brotsorten und Brötchen aus Weißmehl ✗ gezuckerte Cornflakes und Müslis ✗ Pizzen ✗ Schokolade ✗ Kuchen ✗ Kekse ✗ gezuckerte Kalt- und Heißgetränke ✗ Bonbons ✗ Knabbereien (z. B. Chips, Kräcker)

Der glykämische Index (GI) gibt die Art der Kohlenhydrate an, die wir essen, und zeigt die Geschwindigkeit, mit der der Blutzucker ansteigt. Dabei bleibt die tatsächlich verwertbare Kohlenhydratmenge unberücksichtigt.

Von einem sehr hohen glykämischen Index spricht man bei einem Wert von mehr als 70. Den haben zum Beispiel Bananen, Haushaltszucker, Mais, Weißbrot und Brötchen. Das heißt, dass der Blutzuckerspiegel danach sehr schnell ansteigt. Bei Kartoffeln, Milchreis, Weintrauben oder Haferflocken steigt der Spiegel durchschnittlich an. Bei Milch, Joghurt, Äpfeln, Birnen, Hülsenfrüchten, Gemüse oder Nüssen bleibt er niedrig.

Mit richtigen Werten zur sportlichen Höchstleistung

Die meisten sind überrascht, wenn sie hören, dass auch gesundes Essen wie Obst einen hohen glykämischen Index hat und sich im Bereich der zuckerreichen Lebensmittel befindet. Zum Beispiel steigt der Blutzuckerspiegel bei einer Banane schneller an als bei einem Apfel. Wird der hingegen gerieben, gelangt er genauso schnell ins Blut. Deshalb sollte man Obst beim Abnehmen unverarbeitet essen und nicht als Brei oder Saft.

Eine wichtige Rolle spielt auch, was man zusammen isst. Im Zusammenspiel mit Proteinen, Fetten und Ballaststoffen verändert sich die Verdauungsgeschwindigkeit der Kohlenhydrate und damit der Blutzuckeranstieg. Wer abnehmen möchte und trotzdem mal Lust auf Apfelmus hat, sollte es mit Eiweiß (zum Beispiel 200 g Quark) kombinieren, denn das verzögert die Geschwindigkeit der Verdauung. Vor allem Sportler sollten den glykämischen Index und die glykämische Last beachten.

Denn sie spielen beim Training eine wichtige Rolle. Vor und nach dem Sport und im Wettkampf gilt es, Lebensmittel mit einem niedrigen GI zu vermeiden. Der Körper kann nämlich nur Höchstleistungen vollbringen, wenn er nicht gleichzeitig mit der Verdauung beschäftigt ist. Wer kennt das nicht? Mit vollem Magen Sport treiben – da kommt man gar nicht so richtig in Schwung. Vorm Training fett gegessen? Dann fällt jede Bewegung schwer. Je mehr Ballaststoffe Lebensmittel enthalten, desto länger bleiben sie im Magen. Erst wenn sie verdaut sind, stehen sie als Energiequelle im Muskeltraining zur Verfügung.

Um die besten Voraussetzungen für Spitzenleistungen zu schaffen, sind leicht verdauliche Kohlenhydrate vor, während und nach Belastungen optimal – zum Beispiel eine reife Banane, Fruchtmus oder ein selbstgemachter Smoothie aus einer halben pürierten Mango und 200 ml Buttermilch oder Haferdrink oder 100 ml Fruchtsaft mit 200 bis 300 ml Mineralwasser. Das Obst kann man auch mit Tomaten, Gurken und Spinat als Smoothie verarbeiten, die liefern noch zusätzliche Mineralstoffe.

Wann braucht man Nahrungsergänzungen?

Bei einem zeitlichen Engpass sind sie perfekt. Sie lassen sich blitzschnell zubereiten, wie beispielsweise der „Body Attack Isotonic Sports Drink" oder „Carbo Loader". Beide enthalten ebenso schnell verfügbare Kohlenhydrate, Vitamine und Mineralstoffe wie Obst und Getreideerzeugnisse. Das Getränkepulver wird in Wasser angerührt und steht innerhalb einer Stunde für Training und Muskeln zur Verfügung. Und nach dem Sport fördern diese Getränke sowie Smoothies ein schnelles Wiederauffüllen verlorener Flüssigkeit, Mineralstoffe und Kohlenhydrate. Also geradezu perfekt für Sportler. Der Effekt lässt sich übrigens noch verstärken, indem man nach dem Training leicht verdauliche Kohlenhydrate mit Proteinprodukten („Extreme ISO Whey" oder „Power Protein 90") kombiniert. Hier ist die Empfehlung: 2 bis 3 Teile Kohlenhydrate und 1 Teil Proteine. Das wären beispielsweise 40 bis 60 g schnell verdauliche Maisstärke (z. B. Maltodextrine) und 20 g Molken-Protein (z. B. „Extreme ISO Whey"). Durch dieses Verhältnis können sich erschöpfte Energiespeicher und strapazierte Muskeln am schnellsten erholen.

Wie viele Kohlenhydrate dürfen's überhaupt sein?

Sportler sollten nach Empfehlungen von Ernährungswissenschaftlern mehr als die Hälfte der täglichen Energiezufuhr aus „guten" Kohlenhydraten zu sich nehmen. Bei 3000 Kalorien führt man also 1600 Kalorien in Form von Kohlenhydraten zu. Praktisch orientiert man sich eher an Absolutwerten. Wer zum Beispiel dreimal pro Woche mäßig trainiert und abnehmen will, isst 3 bis 5 g Kohlenhydrate pro Kilo Körpergewicht; wer sehr intensiv trainiert, braucht täglich 5 bis 10 g Kohlenhydrate. Das ist im Alltag oft nicht zu schaffen, wenn man zum Beispiel keine Zeit hat, um selbst zu kochen.

Fast Food oder zucker- und fetthaltige Speisen könnten die Lösung sein, wären sie nicht komplett kontraproduktiv. Sie liefern dem Leistungssportler keine für den Körper so wichtigen Vitalstoffe (z. B. Vitamine, Mineralien). Zum Glück hilft aber nährstoffreiche Zusatznahrung, wie z. B. Fitness- oder Energy-Riegel und auch Kohlenhydratkonzentrate wie der „Power Weight Gainer" von Body Attack.

GUT VERDAUT
SO LANGE BLEIBEN LEBENSMITTEL IM MAGEN

1 bis 2 Stunden

✕ 1 kleines **Laugen-/Rosinenbrötchen** ✕ 1 **Banane** ✕ 200 ml **Sportlergetränk** ✕ 35 g **Fitnessriegel** ✕ 300 ml **Protein-Kohlenhydratshake** ✕ 200 g **Milchreis mit Apfelmus** ✕ 30 g **Cornflakes** mit 200 ml fettarmer **Kuhmilch** ✕ 200 g **Früchtejoghurt** ✕ 150 g **Hartweizen-Nudeln** mit fettarmer **Tomatensoße** ✕ 30–50 g **Maltodextrine/Dextrose** ✕ 40 g **Weißbrot** mit 10 g **Honig** ✕ 3 **Haferkekse**

3 bis 4 Stunden

✕ 150 g **Reispfanne** mit 150 g **Hühnerfrikassee** ✕ 1 Scheibe belegtes **Vollkornbrot** mit 60 g **Schinken** ✕ 1 mittelgroßer **Apfel** ✕ 1 mittelgroßer **Kohlrabi** ✕ 150 g **Gurkensalat** ✕ 80 g **Früchte-Müsli** mit 200 ml fettarmer **Milch** ✕ 100 g **Corned Beef** oder **Geflügel-Aufschnitt** ✕ **Hafer-Rührei** (aus 2 Eiklar + 1 Eigelb) und 50 g **Haferflocken** ✕ 1 **Pellkartoffel** mit 150 g **Kräuterquark**

mehr als 4 Stunden

✕ 1 gebratene **Hühnerbrust** mit **Tomatensalat** ✕ 200 g **Kichererbsenpüree** mit 1 **Sojabratling** ✕ 2 **Rinderminutensteaks** mit 200 g **Brokkoli** ✕ 4 **Rührei** mit **Schinken** und **Kartoffeln** ✕ 200 g **Spaghetti** mit **Bolognese** ✕ 300 g gebratene **Garnelen-Reispfanne** ✕ **Heringssalat** mit **Kartoffeln**

PROTEINE

Gleichgültig, ob Sie abnehmen oder Muskeln aufbauen wollen – Eiweiß beugt Heißhunger vor, kurbelt den Stoffwechsel an und tut der Seele gut!

Fleisch, Fisch, Eier, Milchprodukte und Hülsenfrüchte – sie alle liefern das für uns lebensnotwendige Eiweiß. Mehr als hundert aneinander gekettete beziehungsweise verknüpfte Aminosäuren bilden diese Proteine, die im Verdauungstrakt aufgespalten werden, sodass sie alle ihre wichtigen Funktionen im Körper erfüllen können. Wer sich ausgewogen ernährt, nimmt mit der täglichen Nahrung automatisch 20 bekannte Aminosäuren auf, acht von ihnen sind besonders wichtig. Diese acht essentiellen Aminosäuren kann der Körper nicht selbst herstellen, deshalb müssen wir darauf achten, sie jeden Tag in ausreichenden Mengen zu essen. Sie sind unentbehrlich für die Bildung von Hormonen, Blutkörperchen, Muskeln, Haut und Knochen.

Biologische Wertigkeit – sie bestimmt die Qualität

Mit der biologischen Wertigkeit lässt sich beschreiben, welche Eiweiß-Qualität Lebensmittel haben. Diese Maßeinheit gibt an, wie viel Körperprotein aus 100 Gramm Nahrungsprotein gebildet werden kann. Ein Hühnerei mit Eigelb und Eiklar hat zum Beispiel eine biologische Wertigkeit von 100. Das wurde zur Orientierung so festgesetzt.

Den höchsten Wert hat Molkeneiweiß, das für unseren Körper optimal verwertbar ist und deshalb als einziges Nahrungsprotein einen Wert von 104 erreicht. Je ähnlicher die Aminosäurenzusammensetzung eines Eiweißproduktes dem menschlichen Körper ist, desto mehr Proteine kann er daraus bauen. Tierische Nahrungsproteine wirken auf den ersten Blick wertvoller, weil sie in der Wertigkeitsrangfolge vor den pflanzlichen stehen und besser verdaulich sind.

Die besten Werte erzielt man aber, indem man verschiedene Proteine kombiniert und sich nicht nur auf eine Quelle verlässt. Der Grund: Nicht alle wichtigen Aminosäuren kommen in der gleichen Menge und Zusammensetzung in jedem Eiweißprodukt vor. Durch geschicktes Kombinieren lässt sich ein Mangel an essentiellen Aminosäuren ausgleichen und die Gesamtbilanz verbessern.

Würden Sie zum Beispiel ein Hühnerei mit Kartoffeln im Mengenverhältnis 36 zu 64 Prozent essen, stiege die biologische Wertigkeit auf 136 Prozent an. Das gilt übrigens als höchste biologische Wertigkeit und wurde bisher weder durch einzelne Nahrungsproteine noch mit Kombinationen übertroffen.

Einen ebenfalls sehr guten Wert von 123 Prozent erreichen auch Milch und Weizenmehl (75 Prozent Milch, 25 Prozent Weizenvollkornmehl). Das wären zum Beispiel Pancake oder auch Haferrühreier, die auch zum Getreide wie Weizenmehl gehören, aber noch mehr Protein liefern (100 g Haferflocken enthalten etwa 13 g Eiweiß).

TOP 10 PROTEINE

1. Molkenprotein
2. Vollei
3. Casein
4. Soja
5. Reis
6. Rindfleisch
7. Huhn
8. Haferflocken
9. Erbsen
10. Bohnen

Wer abnimmt und Sport treibt, braucht viel Eiweiß

Eine Unterversorgung an Proteinen ist ungesund, denn sie führt zu einem verzögerten Aufbau oder – bei einer drastischen Kalorienreduktion im Zuge einer Diät – zum Abbau der Körper- und Muskelproteine. Deshalb sollte jeder, der eine Diät macht und/oder Sport treibt, immer auf eine abwechslungsreiche und erhöhte Proteinzufuhr achten.

Auch Vegetarier und Veganer, die ja selten oder gar keine tierischen Nahrungsproteine essen, können schwerer Muskeln aufbauen oder erhalten. Der Grund: Diese Proteine liefern in der Regel mehr von den essentiellen Aminosäuren als pflanzliche Alternativen und haben keine verdauungshemmenden Nährstoffe (z. B. Proteininhibitoren), durch die eine Aufnahme in den Körper blockiert wird.

Wichtig ist es also, sehr darauf zu achten, auch bei veganer Ernährung genug Proteine zu sich zu nehmen – durch gut verarbeitete Pflanzenprodukte wie Seitan, Tofu und Gluten (als Bratlinge, Nudeln, Brot, Backmischungen) oder vegane Proteinpulver, die aus den pflanzlichen Rohstoffen Reis, Erbsen und Soja hergestellt werden.

DIE 8 WICHTIGSTEN AMINOSÄUREN

1, 2, 3

Leucin, Isoleucin und Valin Kommen zu einem Drittel in den Muskeln vor. Sie liefern Energie, wenn Sportler erschöpft sind, indem der Körper sie aus der Muskulatur in die Blutbahn zur Leber schickt. Dort werden sie in Glukose verwandelt, was wiederum den Blutzucker aufrechterhält.

4

Threonin Strafft die Haut und sorgt für starke Knochen und Gelenke. Sie ist Bestandteil der Schleimhäute, fängt Bakterien und Viren ab, übernimmt Entgiftungsaufgaben und verhindert Übersäuerung und chronische Müdigkeit. Schützt vor Stress und Infektionen.

5

Methionin (Cystein) Diese Aminosäure unterstützt den Aufbau von Hormonen und Abwehrstoffen. Sie ist an Wundheilungsprozessen beteiligt, entgiftet Leber und Niere und verhindert übermäßige Fetteinlagerung in der Leber. Die semi-essentielle Aminosäure Cystein hilft beim Aufbau von Methionin.

6

Phenylalanin (Tyrosin) wird für die Bildung von Hormonen wie Adrenalin, Insulin und Thyroxin benötigt. Sie trägt auch dazu bei, den Appetit zu hemmen und die Konzentrationsfähigkeit zu verbessern – und unterstützt den Aufbau des Farbstoffes Melanin in Haut, Haaren und Augen. Tyrosin fördert die Bildung von Phenylalanin bei einem Engpass.

7

Tryptophan wird im Gehirn in den bekannten Botenstoff Serotonin verwandelt, der entspannend wirkt, zufrieden macht und die Atemfrequenz senkt. Serotonin kann die Blutgefäße gleichermaßen verengen oder erweitern. Tryptophan ist auch an der Bildung des Schlafhormons Melatonin beteiligt.

8

Lysin ist die Vorstufe des Fett-Transporters L-Carnitin, der Fett aus dem Blut in die Muskeln zum Verarbeiten transportiert. Lysin wird aber auch zur Bildung von rotem Blutfarbstoff, von Muskelproteinen und Enzymen im Körper herangezogen.

Wie viel Protein täglich ist eigentlich perfekt?

Das hängt vor allem davon ab, wie viel man sich bewegt und welche sportlichen Ziele man verfolgt. Faustregel: 10 bis 15 Prozent der Gesamtenergie sollten Eiweiß sein. Das sind etwa 1 bis 2 Gramm pro Kilo Körpergewicht. Das schaffen die meisten Deutschen laut Statistik, wenn sie sich ausgewogen ernähren. Frauen bevorzugen dabei Milchprodukte und Käse, Männer Fleisch- und Wurstwaren. Tipp: Auf fettreiche Sorten verzichten, da Fleisch und Wurst dann ungesunde gesättigte Fettsäuren und Purine enthalten. Besser einen Teil der Eiweißzufuhr durch pflanzliche Eiweißquellen wie Veggie-Burger (aus Lupinen- und Sojamehl), Kartoffeln, Nüsse, Samen in Kombination mit Hühnereiern und fettarmen Milchprodukten (z. B. Hüttenkäse, Kräuterquark, Harzer) ersetzen. Oder gelegentlich Proteinpulver als Nahrungsergänzung nehmen. Denn das ist arm an gesättigten Fetten und Cholesterin, enthält kaum Natrium und ist purinfrei.

Extra für Bodybuilder und Leistungssportler

Nur wer hart trainiert und mehr Energie verbraucht, als er aufnimmt, und eventuell eine Diät macht, läuft Gefahr, an Muskelkraft zu verlieren. Damit Top-Leistungen nicht durch Proteinmangel verhindert werden, empfehlen Sportmediziner 2 Gramm Eiweiß pro Kilo Körpergewicht. Beispiel: Ein 80 Kilo schwerer Sportler müsste 1,5 Kilo Magerquark, 700 Gramm Putensteak, 25 gekochte Eier, 1,1 Kilo Dinkelflocken oder 12 Kilo Kartoffeln essen. Bodybuilder oder Kraftsportler essen häufig bis zu 4 Gramm pro Kilo Körpergewicht und trinken mehr als 5 Liter Wasser.

Trinken macht schlank

Wer bei den Proteinen ordentlich zuschlägt, kann durch einen Überschuss an Stickstoff einen erhöhten Harnsäurewert (Übersäuerung) bekommen. Ein gesunder Körper reguliert das, indem er unser Durstgefühl und die Nierentätigkeit erhöht. Trotzdem sollte jeder täglich die Mindestmenge (1,5 Liter) an Flüssigkeit aufnehmen.

Wer abnehmen möchte, sollte sogar noch mehr trinken, weil er weniger Nahrung und somit weniger Flüssigkeit zu sich nimmt. Sonst fährt der Stoffwechsel runter, man fühlt sich antriebslos und müde.

Außerdem: Wer vor einer Hauptmahlzeit immer 500 ml Wasser trinkt, erreicht zweierlei: Er isst weniger, weil's den Magen füllt. Und zwingt seinen Körper, mehr Energie zu verbrauchen, weil der das Wasser auf Körpertemperatur erwärmen muss.

PROTEINPULVER

Mehrkomponenten-Protein, Whey und Casein – inzwischen gibt es für jeden Bedarf und Anspruch das richtige Nahrungsergänzungsmittel

Proteinpulver sind empfehlenswert, wenn wir eine Unterversorgung oder einen erhöhten Bedarf an Eiweiß haben. Sie enthalten natürliche Proteinquellen, die man auch in der täglichen Ernährung vorfindet. Dank hochmoderner Technologien können die aufgespalten werden, zum Beispiel wird Trinkmilch in Casein und Molke zerlegt – und die können je nach Verfahren einen Proteingehalt von 70 bis 90 Prozent haben!

Pulver satt – welche Sorte passt zu wem?

Werden zudem noch besondere Filtrationsverfahren angewendet, so enthalten die Proteinpulver mehr oder weniger Fette und Zucker. Ein weiterer Vorteil: Durch die Verarbeitung sind die genannten Nahrungsproteine leichter verdaulich und auch schneller verfügbar als durch faseriges Fleisch, Hülsenfrüchte oder fettreichen Käse. Und das ist gut so, denn gerade nach dem Sport ist die Verdauungsaktivität aufgrund der Stresshormone lahmgelegt – und schwerer verdauliche Proteine führen dann zu Müdigkeit und Trägheit. Proteinpulver hingegen stehen schneller für die Aufbauprozesse zur Verfügung – Körper und Muskeln erholen sich frühzeitig und können wachsen.

Daher sind Proteinpulver eine gute Wahl – sowohl vor als auch nach dem Muskeltraining. Während einer Diät oder bei unzureichender Proteinversorgung (z. B. Veganer) dienen die Proteinpulver zur Muskelerhaltung. Ein kleiner Haken: Proteinpulver ist nicht gleich Proteinpulver. Es gibt heute unzählige Sorten, die den unterschiedlichsten Ansprüchen genügen. Während Gesundheitssportler und Senioren mit einem Mehrkomponenten-Protein ausreichend versorgt sind, sollten

Kraft-Ausdauer-Sportler vor und nach dem Work-out zu einem Whey-Protein greifen. Casein unterstützt eine Low-Fat- oder Low-Carb-Diät sinnvoll, ein Soja-Protein ist das richtige für Sportler, die sich vegan ernähren.

Um das bestmögliche Protein für sich selbst zu finden, ist es für jeden sinnvoll, sich vor dem Kauf von Proteinpulvern von Fachleuten gut beraten zu lassen.

SCHLANK IM SCHLAF
PROTEINE – SIE SIND SEHR GUTE ABNEHMHELFER

Proteine benötigen für die Verdauung viel Energie. Die Folge ist eine erhöhte Wärmebildung (Thermogenese), **die wiederum satt macht.** Derzeit bauen viele Abnehm-Programme den Nährstoff deshalb als Schlankmacher ein – besonders vor der Nachtruhe.

Warum? **Während wir träumen, verbraucht der Körper Energie,** um Herzschlag, Blutfluss, Atmung usw. am Laufen zu halten. Werden vor dem Zubettgehen größtenteils Proteine gegessen, so ist zusätzlich noch Energie für die Verdauung nötig, also werden die Fettreserven angezapft.

Aber **Eiweiß macht auch gelassen und glücklich,** was bei einer Diät nicht schaden kann… Die Aminosäure Tryptophan trägt nämlich zur Bildung des Glückshormons Serotonin bei – und das macht zufriedener, gelassener und satter.

SO FINDEN SIE IHRE SORTE

MEHRKOMPONENTEN-PROTEIN

Es besteht aus 2 bis 5 oder mehr Nahrungsproteinen (z. B. Soja, Molke, Casein, Egg, Erbsen) und liefert auf 100 g bis über 80 g Eiweiß. Die Mengen an Kohlenhydraten und Fetten liegen dabei nur bei 2 bis 6 g. Die meisten Mehrkomponenten haben Hühnereiklar als Grundzutat, das macht den Shake cremiger.

✕ **Geeignet für** Gesundheits-, Fitness-, Ausdauer- und Spielsportler sowie Senioren. Deckt an Trainingstagen den erhöhten Eiweißbedarf und unterstützt den Muskelaufbau. Einige Sorten liefern zusätzliche Vitamine, weshalb der Shake sich auch bei einseitiger Ernährung oder während einer Diät eignet. Also können sich Betroffene einen leckeren Shake als Zwischenmahlzeit gönnen, statt Vitaminkapseln einzuwerfen. Darüber hinaus liefern solche Proteinkombinationen eine hohe biologische Wertigkeit. Auf einer Skala von 0 bis 100 haben Mehrkomponenten eine Wertigkeit von 100 wie das Vollei (siehe auch S. 19). In einigen steckt zusätzlich noch L-Carnitin, das wie die B-Vitamine den Energie- und Fettstoffwechsel reguliert.

WHEY-PROTEIN

Whey ist die englische Bezeichnung für Molke. Es wird als Konzentrat (bis zu 75 g Eiweiß/100 g) und Isolat (bis zu 90 g Eiweiß/100 g) angeboten. Beide Sorten sind teuer, was am erhöhten Eiweißgehalt und am geringen Kohlenhydrat- und Fettgehalt liegt.

Konzentrat: Empfehlenswert, da es günstiger als Isolat ist. Es liefert Eiweiß und ein paar Kohlenhydrate mehr für die Muskelerholung. Whey wird vor und nach dem Training genommen, denn es steht dem Körper innerhalb einer Stunde zur Verfügung und bleibt bis zu zwei Stunden in der Blutbahn. Damit werden während des Trainings die Muskeln vor Abbau geschützt und nach dem Training der Muskelaufbau gefördert – dann sind sie ohnehin aufnahmebereit. Das Whey gehört zu den Proteinquellen mit dem höchsten BCAA-Gehalt (englisch: branched chain amino acids, deutsch: verzweigtkettige Aminosäuren), die auch zu einem Drittel in der Muskulatur vorkommen. Whey liefert Mineralien wie Magnesium, Calcium, Eisen und Kalium, die bei der Muskelkontraktion sowie Energiespeicherung eine wichtige Rolle spielen. Es verfügt über eine hohe biologische Wertigkeit von 104, d. h.: eine bessere Zusammensetzung und Menge als Hühnerei.

Isolat: Da Konzentrat mehr Kohlenhydrate enthält, darunter auch Laktose (Milchzucker), ist Whey-Isolat bei Laktoseintoleranz und bei strenger Low-Carb-Diät geeignet.

✕ **Geeignet für** Kraftsportler als Pre- und Post-Work-out-Shake

CASEIN-PROTEIN

Ist die Bezeichnung für das Milchprotein, das zu 80 Prozent in der Trinkmilch vorkommt. Dabei wird zwischen Calcium-Caseinat oder mizellarem Casein unterschieden. Beide Formen haben einen Proteingehalt von über 80 g pro 100 g, wobei das mizellare Casein noch langsamer verdaut wird. Deshalb wird es über mehrere Stunden (bis zu 8 Stunden kann es dauern) im Körper zeitverzögert freigesetzt. Ein weiteres besonderes Qualitätsmerkmal ist der geringe Kohlenhydratgehalt (maximal 3 g/100 g). Der Fettanteil ist fast gleich wie bei den Whey-Isolaten, liegt bei maximal 2 g/100 g. Casein ist reich an der Aminosäure L-Glutamin und Calcium – gut für Muskelaufbau, -erhalt und Knochen.

✕ **Geeignet für** alle, die nur schwer Muskelmasse und Gewicht aufbauen. Sie sollten das Protein tagsüber und abends nehmen. Außerdem gut während einer Diät, weil es als Langzeitprotein die Muskeln stets mit Bausteinen versorgt. Das minimiert den Abbau von Muskel-, aber auch den Aufbau von Körperproteinen wie Hormonen und Blutkörperchen. Daher ist das Protein ideal zur Vorbereitung auf die Strandfigur, den Wettkampf und um eine Low-Fat- oder Low-Carb-Diät in Kombination mit Sport erfolgreich durchzuhalten und einen Sixpack zu formen. Die biologische Wertigkeit ist höher als bei Fleisch und Hühnereiweiß – also nach Vollei Platz 3!

SOJA-PROTEIN

Es ist ein veganes Protein und wird, wie der Name es bereits verrät, aus der Sojabohne gewonnen. Dabei wird auch hier zwischen Konzentrat und Isolat unterschieden.

Es ist reich an L-Arginin, einer der 20 Aminosäuren, die der Körper zur Neubildung von Stickoxid (bessere Durchblutung) und Kreatin (erhöht die Kraftleistung bei kurzer, intensiver Belastung) benötigt. Die biologische Wertigkeit ist fast gleichwertig mit Fleisch und wird daher von Veganern als Fleischersatz verwendet.

✕ **Geeignet für** Veganer – beim Leistungssport, in der Aufbauphase oder während einer Diät. Da es fast fett- und kohlenhydratfrei ist, perfekt geeignet für eine Low-Carb- und Low-Fat-Ernährung. Als Shake ist es eine gute Nahrungsergänzung für alle, die kaum Fleisch essen und sich mit genügend essentiellen Aminosäuren versorgen möchten. Da es ein pflanzliches Protein ist, sind keine tierischen Fette und Milchzucker enthalten. Somit ideal für eine cholesterin- und milchzuckerarme Ernährung. Das gilt auch für die veganen Reis-, Erbsen- und Hanfproteine. Sojaprotein wird wie Whey schnell verdaut und eignet sich ums Training herum oder als Zwischenmahlzeit.

DIÄT-PROTEIN

Die Bezeichnung Diät ist aus lebensmittelrechtlicher Seite geschützt, was heißt, es dürfen nur die Proteinpulver so bezeichnet werden, die exakt die Mengen an Nährstoffen und Energie enthalten, die laut Diät-Verordnung gefordert werden. Dazu gehören außer Eiweiß noch Fette, Ballaststoffe, Linolsäure, 12 Vitamine und 11 Mineralstoffe.

Diese Proteinshakes dienen als Mahlzeitenersatz oder als ganze Tagesration, mit der am Tag eine oder alle Mahlzeiten ersetzt werden können. Sollten alle Mahlzeiten damit ersetzt werden, praktiziert man eine „Very low calorie diet" (englisch: sehr kalorienarme Diät), mit der man innerhalb kurzer Zeit stark

abnehmen kann. Laut der Diätverordnung beträgt die Energiezufuhr etwa 800 kcal. Darunter darf er nicht liegen, sonst baut der Körper seine eisernen Reserven, Muskeln und andere Körperproteine ab. Das würde eine weitere Gewichtsabnahme erschweren, denn Muskeln sind die eigentlichen Fatburner, sie brauchen für den Tonus stets Energie.

Deshalb muss im Diät-Shake eine Mindestmenge von 25 Prozent Protein enthalten sein, die aber über eine hohe biologische Wertigkeit wie Milch- und Sojaproteine verfügt. Die Mengen an Kohlenhydraten und Fetten sind höher, weil die Shakes als kompletter Ersatz für die Mahlzeiten eingesetzt werden können.

Wer seine Mahlzeiten häufig durch Diät-Shakes ersetzt, nimmt also nicht nur sehr wenig Energie, sondern auch sehr wenig Fette (ca. 20 g am Tag) auf. Das wenige Fett sollte aber unbedingt Omega-6- und Omega-3-Fettsäuren liefern, da der Körper diese nicht bilden kann.

Der Kohlenhydratgehalt liegt bei rund 100 g und soll die wichtigsten Organe wie Nierenmark, Blutkörperchen und das Nervensystem damit versorgen. Die sind von der täglichen Versorgung abhängig, ohne nicht lebensfähig.

✕ **Geeignet für** Sportler, die in kurzer Zeit Gewicht verlieren möchten, ohne dabei starke Leistungseinbußen zu verspüren. Außerdem gut für Personen mit starkem Übergewicht, die gleichzeitig ein Erfolgserlebnis im Abnehmen suchen. Doch Diät-Protein ist auch wichtig in der Ernährung von Senioren, die gesundheitliche Probleme haben. Es hilft Menschen, die unter Schluckproblemen, Demenz oder einer altersbedingten Muskelatrophie leiden. Sie können mit dem leckeren Diät-Shake ihre tägliche Ernährung durch wichtige Nährstoffe in ausreichender Menge ergänzen.

FETTE

Sie sind besser als ihr Ruf, sättigen und schmecken. Doch es kommt auf die richtige Qualität an

Fette machen nicht fett – im Gegenteil, sie sind vielseitige und zuverlässige Energielieferanten, denn sie werden vor allem bei langen und intensiven körperlichen Belastungen als Muskelbrennstoff herangezogen. Und mehr: Sie sind Isolierungsschicht, Wärmespeicher und Wärmeproduzent, schützen uns so vor Kälte und Hitze, vor Stoß- und Druckbelastungen. Außerdem ermöglichen sie die Aufnahme von den fettlöslichen Vitaminen E, D, K und A. Das Beste: Weil Fette lange im Magen bleiben, machen sie uns prima satt. Und – ja, sie schmecken auch.

Ein Gramm Fett pro Kilo Körpergewicht täglich

Also gehören Fette zu einer gesunden Ernährung unbedingt dazu, wenn man einige Basics beachtet: Fingerdick Butter aufs Brot ist natürlich nicht gesund. Wer sich ausgewogen ernährt, nimmt nicht weniger als 30 und nicht mehr als 40 Prozent an Nahrungsfetten zu sich. Das heißt, wer täglich 2500 Kalorien isst, braucht 85 bis 110 g Fett. Zu kompliziert? Dann nach Absolutwerten, was 1 bis 1,5 g Fett je Kilo Körpergewicht heißt.

Die meisten Deutschen langen schon kräftiger zu, aber setzen statt auf Qualität eher auf Quantität. Selbst Sportler erlauben sich oft zu viel, wahrscheinlich, weil fettige Snacks einfach lecker sind. Nur – ein großer Anteil davon sind die sogenannten gesättigten Fette, die in Butter, Bratfett, Fleisch, Wurst, Milch, Milchprodukten und Fertiggerichten stecken. Auch in Käse, Süßigkeiten, Knabbereien, Soßen und Suppen verbirgt sich meist mehr Fett, als gesund ist.

Dieses gesättigte Fett nehmen wir in zu großen Mengen auf, was zu Übergewicht und Zivilisationskrankheiten führt. Wer das vermeiden will, sollte nicht mehr als 10 Prozent (bezogen auf die tägliche Gesamtenergiezufuhr) gesättigte Fettsäuren essen und einen Bogen um Transfettsäuren machen, weil sie in größeren Mengen (so wie die gesättigten Fettsäuren) das Risiko für Arteriosklerose erhöhen. Ersetzen Sie solche Snacks durch Obst, Rohkost oder fettarmen Joghurt.

Einfach oder mehrfach ungesättigte Fette hingegen sind gut für uns und sollten jeweils 10 Prozent der Gesamtenergiezufuhr ausmachen. Sie stecken in Getreide (Hafer), Gemüse, grünem Salat, Nüssen, Samen, Oliven und im Speiseöl (Oliven- und Rapsöl). In Lein-, Walnuss- und Sojaöl stecken ebenso wie in fetten Seefischen die mehrfach ungesättigten Fettsäuren. Sie enthalten die essentiellen Omega-6- und Omega-3-Fettsäuren. Aber Achtung! Nicht zu viel nehmen: Täglich ein Esslöffel Öl mit einem hohen Omega-3-Fettsäurengehalt zu grünem Salat sowie 30 g Nüsse und zweimal in der Woche fettreicher Fisch sind genug. Damit erreichen Sie auch ein für die Gesundheit ideales Verhältnis von 5 zu 1 Omega-6- zu Omega-3-Fettsäuren. Wer keine fettreichen Fische oder Nüsse mag, kann seinen Speiseplan mit entsprechenden Nahrungsergänzungsmitteln ausgleichen.

LINKS LIEGEN LASSEN

Schlechtes Fett lässt sich vermeiden, indem Sie Lebensmittel links liegen lassen, die Transfettsäuren enthalten. Dazu gehören zum Beispiel Kekse, Frittiertes, Tütensuppen, industriell hergestellte Backwaren, Gebäck, bestimmte Margarinen, Desserts mit Creme, Chips oder Eis aus dem Handel.

Wer sich gesund ernähren will, sollte so viel wie möglich frisch einkaufen, frisch zubereiten und nur im Ausnahmefall auf konserviertes Obst oder Gemüse zurückgreifen. Das bleibt in Dosen oder Gläsern dank Wärmebehandlung bis zu zwei Jahre haltbar und ist etwa 20-mal schneller zubereitet als frisches Essen, was Zeit und Strom spart. Doch der Preis dafür ist hoch: Beim Konservieren gehen Nährstoffe verloren – und Konservierungsmittel und Zusätze wie Salz, Zucker, Kräuter, Extrakte, Essig, Milchsäure und Aromen kommen hinzu.

Salat – so reduzieren Sie hohe Nitratgehalte

Salat ist zu jeder Jahreszeit erhältlich, leicht und gesund, passt perfekt zur schlanken Küche und ergänzt viele Gerichte. Wichtig: Wässern Sie Salat eine bis drei Minuten lang, um Nitrat herauszuwaschen. Entfernen Sie Strünke, Rippen und äußere Blätter, denn dort sammelt sich besonders viel Nitrat. Peppen Sie die grünen Blätter ruhig mit Obst oder Gemüse auf, das viel Vitamin C enthält (zum Beispiel mit Kiwi oder mit Paprika).

Fleisch – hier kommt es auf die Qualität an

Auch beim Fleisch ist auf die eigenen Sinne Verlass. Schlechtes Fleisch ist zäh, fest und trocken, weil es meist nicht lange genug abgehangen wurde. Ist es bereits überreif oder wurde falsch gelagert, riecht es unangenehm nach Fäulnis. Eine schmierige, klebrige oder wässrige Oberfläche ist ebenfalls ein Zeichen für minderwertige Qualität. Wenn Fleischsaft beim Zubereiten oder Lagern aus den Poren

trieft, hat das Fleisch wenig Aroma und ist zu weich. Sie sollten es nicht kaufen. Wer mehr über das gekaufte und abgepackte Fleisch wissen möchte, der kann auf der Verpackung den Namen und die Anschrift des Anbieters, die Fleischart, die Herkunft, die Zulassungsnummer des Schlachtbetriebes, eine Identitätsnummer für die Rückverfolgbarkeit und das Mindesthaltbarkeits-/Verbrauchsdatum ersehen. Mit diesen Daten kann man heutzutage viel im Internet dazu finden. Wer wenig, aber dafür hochwertiges Bio-Fleisch isst, tut nicht nur der Gesundheit etwas Gutes, sondern fördert auch die artgerechte Tierhaltung.

Guten Fisch erkennen Sie an ungetrübten Augen

Ist der Fisch alt, riecht er unangenehm. Das lässt sich meist schnell feststellen. Außerdem gibt es noch andere Kriterien: Guten Fisch erkennt man an den Augen. Wenn sie klar sind (also nicht eingetrübt) und ein wenig hervorstehen, ist der Fisch noch frisch. Drückt man auf den Bauch, sollte kein Abdruck entstehen. Vorsicht ist geboten, wenn die Schuppen eng anliegen und die Kiemen grau sind.

Fisch sollte am gleichen Tag gegessen werden, an dem er gekauft wurde. Im Kühlschrank hält er meist nicht länger als zwei Tage. Wer nicht frisch kaufen will oder kann, ist auch mit tiefgekühltem Fisch sehr gut bedient. Ob das Fangen bestimmter Fischsorten ökologisch zu vertreten ist, erfahren Sie unter **www.msc.org**. Dahinter steckt die gemeinnützige Organisation Marine Stewardship Council, die Siegel für Fische aus zertifizierter nachhaltiger Fischerei vergibt. Auf der Webseite gibt es auch Rezept-Ideen und Informationen darüber, was Sie wo kaufen können.

EINKAUFS-TIPPS

Gesunde Ernährung beginnt beim Einkaufen. Danach muss alles richtig gelagert und möglichst schonend zubereitet werden

WIE ERKENNE ICH GUTES OBST UND GEMÜSE?

Am besten verlassen Sie sich auf Ihre Sinne: Sieht es frisch, knackig und gut aus? Fühlt es sich perfekt an – nicht zu hart, nicht matschig? Ist es weder unreif noch überreif, sondern genau richtig? Dann sind Sie schon auf der sicheren Seite. Wer es genau wissen will, sollte ein paar Qualitätsmerkmale kennen:

- Die **Klasse Extra** steht für höchste Qualität, was Form, Farbe und Entwicklungsstand der jeweiligen Sorte betrifft. **Klasse 1** ist ebenfalls gut, lässt aber kleine Fehler zu. **Klasse 2** steht für geringe Qualität, gilt aber trotzdem als marktfähig.

- Auch die **Herkunft** spielt eine wichtige Rolle: Je kürzer etwas gelagert wird, desto mehr Nährstoffe und Aromen bleiben erhalten. Obst und Gemüse aus der Region haben kürzere Lager- und Transportzeiten und sind deshalb nährstoffreicher als Produkte aus Afrika, Neuseeland, Spanien, Italien oder China – auch wenn die durchaus gut aussehen.

- Der **Reifegrad** bestimmt nicht nur den Geschmack, sondern auch die Qualität. Vitamine können sich nämlich erst vollständig ausbilden, wenn Obst und Gemüse auf dem Höhepunkt ihrer Reife sind. Die besten Werte erreichen Obst und Gemüse aus dem Freiland.

- **Bio-Produkte** sind im Zweifelsfall die bessere Wahl. Die Landwirte verzichten auf Kunstdünger, chemische Schädlingsbekämpfungsmittel, Bestrahlung und Gentechnik. Das kommt auch den Menschen zugute.

LAGERN
SO BLEIBT DAS ESSEN LANGE FRISCH

Einige Obst- und Gemüsesorten setzen beim Reifungsprozess das Reifehormon Ethylen frei und verderben deshalb schneller. Das kann auch anderes Obst und Gemüse angreifen, wenn es direkt daneben liegt. Obstsorten wie Äpfel, Avocados, Aprikosen, Birnen, Nektarinen, Pfirsiche und Pflaumen sind dabei extrem aktiv. Deshalb schützen Sie die Nachbarn am besten mit Folienbeuteln davor. Wer gut haushaltet und so lagert, dass nichts verdirbt und weggeworfen werden muss, kann viel Geld sparen: bis zu drei Euro am Tag, im Jahr etwa 1100 Euro. Deshalb sollten Sie wissen, welche Lebensmittel wie lange liegen dürfen, ohne ungenießbar zu werden.

Haltbarkeit: Sie reicht von Tagen bis zu zwei Jahren

Alles, was ohne Konservierungsstoffe frisch auf den Tisch kommt, hält durchschnittlich drei bis sieben Tage. Eingefrorenes Obst, Gemüse oder Fertiggerichte bleiben in der Tiefkühltruhe mindestens ein halbes Jahr perfekt. **Wer auf Konserven zurückgreift, kann sich Lager anlegen, aus denen er zwei Jahre lang immer mal wieder etwas nimmt. Bei Nudeln, Reis & Co.** ist es nicht schlimm, wenn das Mindesthaltbarkeitsdatum (MHD) ein bisschen überschritten wird. Das Verzehrdatum (VD) sollten Sie hingegen unbedingt einhalten.

KÄLTEEMPFINDLICH

Nicht im Kühlschrank lagern: ✕ Ananas ✕ Avocados ✕ Bananen ✕ Granatäpfel ✕ Mangos ✕ Oliven ✕ Papayas ✕ Orangen ✕ Mandarinen ✕ Grapefruits ✕ Auberginen ✕ Gurken ✕ grüne Bohnen ✕ Kartoffeln ✕ Kürbis ✕ Melonen ✕ Paprika ✕ Tomaten ✕ Zucchini

KÜHLSCHRANKVERTRÄGLICH

Die fühlen sich im Kühlschrank wohl: ✕ Äpfel ✕ Aprikosen ✕ Birnen ✕ Erdbeeren ✕ Feigen ✕ Kirschen ✕ Kiwis ✕ Nektarinen ✕ Pflaumen ✕ Pfirsiche ✕ Weintrauben ✕ Zwetschgen ✕ Artischocken ✕ Blattsalate ✕ Blumenkohl ✕ Brokkoli ✕ Erbsen ✕ Karotten ✕ Knoblauch ✕ Kohl ✕ Radieschen ✕ Rosenkohl ✕ Rüben ✕ Sellerie ✕ Spargel ✕ Spinat ✕ Zuckermais ✕ Zwiebeln

NICHT ZU KALT, NICHT ZU WARM

✕ Kartoffeln ✕ Bananen ✕ Gurken und ✕ Tomaten mögen **weder zu niedrige** (siehe „Kälteempfindlich") **noch zu hohe Temperaturen.** Maximal 18 Grad herrschen zum Beispiel in Speisekammern, Kellern, Abstellräumen, auf dem Balkon oder im kühlsten Raum der Wohnung. Wer nicht kühl lagern kann, sollte nur kleine Mengen einkaufen.

12 PRAKTISCHE TIPPS

1

Fleisch sollte in der Regel nach dem Braten gesalzen werden. Salz hat nämlich die Eigenschaft, Wasser an sich zu binden, wodurch das Fleisch während des Bratvorgangs vermehrt Saft verliert. Das macht es trocken und zäh. Bei einer Gemüsepfanne ist das Salzen während des Bratens von Vorteil, denn dadurch wird vermehrt Flüssigkeit abgegeben, die dann für das Garen zur Verfügung steht. Zudem erhöht es den Geschmack der Gemüsepfanne, und auch bei Salat führt das Salzen zu mehr Saftigkeit und Aromen. Achtung: Bei Salz nur eine kleine Prise, denn zu viel Salz kann für die Gesundheit gefährlich sein. Eine Menge von maximal 6 g am Tag ist gesundheitlich unbedenklich. Sportler können sich an Tagen mit hohen Schweißverlusten 1 bis 2 g mehr gönnen.

2 JE KÜRZER, DESTO VITALER

Frisches Gemüse sollte möglichst nicht lange bei hoher Hitze gegart werden, weil einige Vitamine sehr empfindlich auf Hitze reagieren. Deshalb Gemüse, aber auch Fleisch ein paar Minuten bei hoher Hitze anbraten und danach auf geringerer bis mittlerer Hitze fertig garen. Oder in der Pfanne mit geschlossenem Deckel bei geringerer Wärme gar ziehen.

3 ES KOMMT DOCH AUF DIE GRÖSSE AN

Wer seine Speise schnell gekocht haben möchte, der sollte beim Gemüse oder Fleisch auf die Dicke achten. Liegt die Dicke bei 1 Zentimeter, so beträgt die Garzeit maximal 10 Minuten. Bei bestimmten Fleischarten dauert es etwa bis 15 Minuten.

4 GUT GEGART

Dämpfen, Dünsten und Garen in der Mikrowelle sind die schonendsten Garverfahren. Wer beim Kochen wenig Wasser verwendet, kann mehr Vitamine und Mineralstoffe erhalten.

5 OBST AUS DER KÄLTE

Tiefgekühltes Obst und Gemüse ist eine gute Alternative zu frischen Produkten. Denn TK-Obst oder -Gemüse wird sofort nach der Ernte nährstoffschonend verarbeitet und durch Blanchieren oder Schockfrosten haltbar gemacht. Dabei bleiben Zellstrukturen, Farbe und Nährstoffe erhalten. Wichtig: Beim Transport darf nichts auftauen.

6 RÖSTAROMEN BRINGEN DEN BESTEN GESCHMACK

Wer Fisch, Fleisch oder auch Gemüse braten will, muss zuerst darauf achten, dass das Öl oder Fett in der Pfanne oder im Topf richtig heiß ist. Um das zu testen, nehmen Sie einen Holzlöffel und halten den Stiel ins heiße Fett. Sobald kleine Bläschen am Stiel hochsteigen, ist das Fett oder Öl heiß genug. Jetzt sollte das Fleisch oder Gemüse gebraten werden. Dabei aber nicht zu viel auf einmal in die Pfanne geben, weil das die Temperaturen reduziert. Es kommt zur vermehrten Bildung von Bratensaft. Dadurch kann keine Krusten- und Aromabildung entstehen, weshalb die Speisen fad und langweilig schmecken.

FÜR DIE PERFEKTE ZUBEREITUNG

7 MEHLSCHWITZE UND SOSSENBINDER ADE

Heute muss man keine Mehlschwitzen oder Soßenbinder mehr verwenden, für ihre Wirkung ist eine längere Kochzeit erforderlich. Am einfachsten und schnellsten ist Frischkäse, der aufgrund der Verarbeitung (wärmebehandelt) die hohen Temperaturen vertragen kann und auch gut bindet. Einige enthalten sogar schon Bindemittel wie Guarkernmehl oder Johannisbrotkernmehl, die auch zur Bindung beitragen. Zudem verleiht der Frischkäse der Speise eine sahnige Note, wo Mehlschwitze und Co. nicht mithalten können. Eine Alternative: Sie geben mehr Gemüse in die Soße und pürieren zum Schluss das Gemüse. Dadurch wird die Soße dick und sämig.

8 FLEISCH AUF DEN RICHTIGEN PUNKT BRATEN

Um herauszufinden, ob das Fleisch roh oder gar ist, muss man nur den Esslöffel oder den Daumen auf das Fleisch drücken. Fühlt es sich weich an und kommt roter Fleischsaft heraus, so ist das Fleisch von innen noch roh. Sobald das Fleisch aber nach dem Löffeldruck federnd nachkommt, ist es halb durchgebraten bzw. medium. Soll das Fleisch durchgebraten sein, so fühlt sich der Löffeldruck auf der Fleischoberfläche fest an. Viele Köche nutzen die Methode und können nach einer bestimmten Zeit aufgrund der Erfahrung das Fleisch genau auf den Punkt braten.

9 IDEALER SALZERSATZ

Salz ist in der Küche das häufigste Würzmittel, obwohl Gewürze und Gewürzmischungen wie Koriander, Kreuzkümmel, Muskat, Curry, Masala und Ingwer die Speisen mehr aufpeppen können. Sie müssen nur richtig eingesetzt werden. Um das Aroma der Gewürze in den Speisen zu verstärken, sollten sie diese ein paar Sekunden im heißen Öl rösten. Damit haftet ein leckerer Duft in der Luft, der zum Appetit anregt, aber auch den Geschmack mit vielen Aromen behaftet. Damit wird der Salzgeschmack ausgebremst, das heißt, man muss den Salzstreuer nicht so häufig bei einer Speise einsetzen.

10 UMGANG MIT GEWÜRZKRÄUTERN UND FRISCHEN KRÄUTERN

Für den Genuss der Speisen sind außer Salz und Pfeffer auch trockene Kräuter sehr gute Geschmacksträger. Diese sollten aber nicht zum Schluss untergehoben werden, sondern schon zu Beginn des Kochvorgangs. Denn durch das Kochen saugen die Gewürze ausreichend Wasser auf und geben anschließend vermehrt ihr Aroma ab. Bei frischen Kräutern muss man das nicht tun, denn sie liefern aufgrund ihrer Frische die Aromen, die man in den Speisen schmecken möchte. Diese können direkt vorm Servieren über oder unter die Speisen verarbeitet werden.

11 MAGERE UND FETTE MILCHPRODUKTE MISCHEN

Fettreiche Milchprodukte liefern viel Fett – und bei einem erhöhten Konsum führt das schnell zu erhöhten Blutfetten und Übergewicht. Sie müssen aber nicht auf den sahnigen Genuss verzichten. Mischen Sie einfach magere bzw. fettarme mit sahnigen und fettreichen Milchprodukten. Damit verlieren Sie nicht die Geschmacksqualität und können das Schlankerwerden unterstützen.

12 WÄHLE DAS RICHTIGE ÖL ODER FETT ZUM BRATEN

Kaltgepresste Pflanzenöle wie Sonnenblumenöl, Olivenöl und Rapsöl verfügen über einen hohen Gehalt an ungesättigten Fettsäuren, die bei hohen Temperaturen schnell verbrennen. Man spricht auch vom Rauchpunkt, das heißt, die Fettsäuren werden bei diesen Temperaturen zersetzt. Es bildet sich ein stechender Geruch und bitterer Geschmack. Das beeinflusst nicht nur den Genuss der Speise, sondern ist auch für die Gesundheit bedenklich. Deshalb achten Sie bei der Verwendung von Pflanzenöl auf die Temperatur, oder verwenden Sie stabilere Fette wie Kokosfett und Erdnussfett, die können Hitze besser vertragen.

BEWEGUNG

Ob Muskelaufbau, Abnehmen oder Ausdauer – bei allen guten Vorsätzen gilt dasselbe: immer schön dranbleiben …

Ohne Sport klappt es auf die Dauer nicht. Das ist klar. Doch wie startet man richtig? Wie wird man besser? Womit kann ich Gewicht verlieren und Muskeln aufbauen? Lesen Sie hier die wichtigsten Tipps für Einsteiger und Fortgeschrittene.

Training für Einsteiger: Nicht zu viel vornehmen

Für Einsteiger: Nehmen Sie sich am Anfang nicht zu viel vor. Es genügt, wenn Sie zwei- bis dreimal pro Woche laufen und das Tempo dabei einfach langsam steigern. In der ersten Woche gilt pro Trainingseinheit „Laufen ohne schnaufen" – und zwar ganz locker und nicht länger als 20 Minuten. Sonst kommen Sie zu schnell außer Atem und fühlen sich überfordert. Nach der zweiten oder dritten Woche wird es leichter. Die Muskeln halten mehr aus. Jetzt sollten Sie Ihr Pensum um fünf bis fünfzehn Minuten verlängern.

Wer es etwas härter mag und Lust dazu hat, darf in den ersten vier Wochen auch einen Sprint von 30 bis 60 Sekunden pro Trainingseinheit einbauen. Je nach Kraft sind natürlich auch mehr Sprints erlaubt (drei bis sechs). Doch das sollte man nur machen, wenn man fit genug dafür ist.

Wichtig: Legen Sie vor allem keinen Kaltstart hin. Einsteiger sollten sich in den ersten 5 bis 10 Minuten langsam warm laufen. Nach dem Joggen gehören fünf Minuten Dehnen und Stretchen ins Programm. Das hält beweglich, und die Ermüdungssubstanzen werden schneller abgebaut. Sie halten besser durch.

Für Fortgeschrittene: Wer kein Anfänger mehr ist, kennt sich aus wie ein Profi, hält aber meist am Laufplan fest. Das führt auf Dauer zu Ermüdung, denn nur neue Belastungen bringen neue Wachstumsreize und neue Erfolge. Deshalb sollten Fortgeschrittene auf andere Sportarten setzen, die dazu beitragen, dass sie sich in ihrer Disziplin, also im Laufen, verbessern. Zum Beispiel könnten sie zweimal pro Woche mit Radfahren, Rudern, Schwimmen, Klettern oder Aerobic mehr Abwechslung ins Training bringen, wodurch sie wieder mehr Motivation und Ausdauer bekommen. Außerdem lernt der Körper neue Bewegungsabläufe, die das Laufgefühl verändern. Das gilt aber auch umgekehrt. Also wenn jemand nur aufs Radfahren fixiert ist, dann sollte er zur Abwechslung auch regelmäßig laufen.

Gezieltes Krafttraining hilft Ausdauersportlern

Eine weitere sehr gute Sportart ist der Kraftsport, denn der kann bei Ausdauersportlern das Muskelkorsett stärken, das nur durchs Laufen nicht ausreichend trainiert wird. Außerdem verbessert Krafttraining den Stoffwechsel. Das bedeutet, dass Ausdauersportler die überflüssigen Fettpolster besser abbauen können und gleichzeitig auch muskulöser aussehen. Viele Ausdauersportler schrecken aber davor zurück, denn mehr Muskeln heißt auch mehr Körpergewicht, was wiederum das Tempo verlangsamt.

Doch solche Sorgen sind unbegründet. Selbst bei intensivem Joggen entstehen keine Muskelberge wie bei Bodybuildern. Mittlerweile haben das auch Profis im Sportbereich erkannt und trainieren regelmäßig an Fitnessgeräten oder mit ihrem körpereigenen Gewicht. Das führt zu einer besseren Körperentwicklung mit einem geringen Fettanteil und zu stärkeren Leistungen. Ein weiterer Vorteil: Durch die Kraftübungen und die aufgebauten

Muskeln trainiert man sich eine bessere Körperhaltung an. Auch im Alltag fallen einem die Bewegungsabläufe leichter, da viele Kraftübungen sehr ähnliche Abläufe haben.

Erst die Technik lernen, dann Gewichte erhöhen

Wichtig ist im Krafttraining, dass man die Trainingsgewichte schwer bis mittelschwer auswählt, denn damit wird der Muskelaufbau gefördert. Am Anfang sollte man zuerst mehr Wert auf die Technik, Haltung und Bewegungsausführung legen. Deshalb sollten Einsteiger in den ersten vier bis zwölf Wochen an Fitnessgeräten trainieren; die geben den Ablauf vor und vereinfachen zu Beginn die Bewegungsausführung. Bitte nicht vergessen: Vor dem Krafttraining sollten Sie sich immer kurz aufwärmen.

Da Einsteiger in der Bewegungsausführung noch unsicher sind, sollten sie sich bei zehn bis zwölf Wiederholungen aufhalten. Ideal ist das Trainingsgewicht so einzustellen, dass man die zehn Wiederholungen gerade so schafft. Darunter sollte aber nicht die Bewegungsausführung leiden, denn das kann zu Verspannungen und Schmerzen führen. Lernen Sie erst die richtige Technik, danach können Sie die Gewichte erhöhen. Wenn man nach zwei Wochen statt zehn Wiederholungen zwölf bis 15 erreicht, kann man das Trainingsgewicht wieder steigern. Durch diese Steigerung erkennt man, dass die Muskelkraft zugenommen hat. Übrigens: Auch Frauen, die keine Muskelberge wollen, dürfen ruhig schwere Gewichte nehmen. Aufgrund der weiblichen Hormone können sie – anders als Männer – keine riesigen Muskeln aufbauen.

Sobald Sie nach 12 Wochen eine starke Muskulatur aufgebaut haben, wird zusätzlich etwa zwei bis dreimal pro Woche Ausdauertraining auf dem Laufband, Stepper, Rudergerät oder Ergometer (Fahrrad) eingebaut. Idealerweise dauert das 40 bis 60 Minuten und findet an Tagen ohne Krafttraining statt. Warum diese Empfehlung? Dadurch hat man wieder mehr Energie. Zudem haben sich die Muskeln und auch der Hormonhaushalt wieder stabilisiert.

Ich werde jetzt schlank – mit Spaß am Sport

Für Einsteiger: Um möglichst schnell überflüssige Kilos abzubauen, ist Sport in Kombination mit einer figurbewussten Ernährung das beste Rezept. Dabei sollte man sich als Erstes eine Sportart aussuchen, die einem viel Spaß macht. Denn nur wer über längere Zeit Sport treibt, kann auch länger dran- und schlanker bleiben. Ideal ist eine Mischung aus Krafttraining und Ausdauer. Zwei bis fünf Trainingseinheiten pro Woche genügen – idealerweise im Fitnessstudio mit Schwerpunkt auf Brust, Rücken und Beinen. Wenn man diese Muskelgruppen trainiert, werden automatisch auch andere kleine Muskeln wie zum Beispiel Arme, Schultern, Rumpf und Wade mittrainiert.

Wer zudem noch Speckröllchen an Bauch, Hüfte oder Oberarmen hat, der kann sich von einem gut ausgebildeten Trainer Übungen im Sportstudio zeigen lassen, mit denen man mehr Form und Härte in die Muskeln bekommt. Auch Muskelschwächen können im Sportstudio abgebaut werden, damit man wieder zu einer gesunden Körperhaltung kommt. Denn viele Menschen haben einen Rundrücken oder ein Hohlkreuz, was auf die Dauer auch zu unangenehmen Verspannungen und Schmerzen führen kann.

Training im Wohnzimmer oder Fitnessstudio?

Wer nicht ins Studio möchte, kann auch zu Hause mit dem eigenen Körpergewicht trainieren. Liegestütze, Beugestütze, Beinanheben liegend oder hängend, Kniebeuge, Klimmzüge und Bauchübungen auf dem Boden sind die besten Übungen. Machen Sie die ruhig ganz langsam. Das ist intensiver. Statt Hanteln kann man auch Wasserflaschen, Bierkästen, die Werkzeugkiste oder Stühle nehmen. Wer sich allerdings zu Hause nur schlecht aufraffen kann, sollte lieber ins Studio gehen. Ob Trainer oder Gleichgesinnte – dort treffen Sie Leute, die Sie motivieren.

Für Fortgeschrittene: Nur wer am Sport Spaß hat, der macht weiter und bleibt schlank. Deshalb sollte man sich vorher bewusst sein, welchen Kraftsport man wo ausführen möchte. Häufig wird es nach einem halben oder einem ganzen Jahr einfach langweilig. Kein Trainer, kein Trainingsplan, kein Feedback, keine Motivation – in solchen Fällen ist es ratsam, sich einen Personaltrainer zu engagieren oder im Studio einen Fitnesstrainer zu suchen. Ein guter Coach meint es ernst mit Ihnen, stellt die Geräte genau ein, kontrolliert Bewegungsabläufe und arbeitet auf Ihr Ziel hin. Er erstellt nach acht bis zwölf Wochen eine Trainingsanalyse und zeigt, wo Sie erfolgreich waren. Wenn der Trainer über die Körperentwicklung spricht, erfahren Sie zum ersten Mal etwas über Ihr Körperfett und auch über Ihre magere Körpermasse (Muskeln). Das ist der optimale Weg, der zum Weitermachen motiviert. Am besten, Sie suchen sich einen Personaltrainer, der selbst jahrelang aktiv trainiert und vielleicht auch eine erfolgreiche Sportkarriere hinter sich hat.

Falsche Bewegung führt zu Rückenschmerzen

Wenn Sie Anfänger sind und beim Laufen unter Knie- oder Rückenschmerzen leiden, kann das an falschen Schuhen oder an der Lauftechnik liegen. Hilfe finden Sie zum Beispiel bei Lauftreffs. Sportmediziner oder spezielle Fachgeschäfte bieten auch Laufdiagnostik an, um falschen Bewegungsabläufen auf die Spur zu kommen. Eine zu schwache Muskulatur kann ebenfalls ein Indiz dafür sein, dass die Muskeln während des Laufens nicht optimal zusammenarbeiten. Das trifft dann vor allem die Knie und die Wirbelsäule. Sinnvoll ist es in solchen Fällen, das Lauftraining mit Krafttraining (zweimal wöchentlich) zu ergänzen.

Tipp: Wer nicht gerne läuft, aber trotzdem etwas für die Kondition tun will, ist mit Ball- oder Mannschaftssport gut bedient. Ballsport trainiert Kraft, Beweglichkeit und Ausdauer gleichzeitig. Das macht hervorragend fit.

Muskelaufbau: Der Körper braucht seine Zeit

Für Einsteiger: Wer sich Muskeln aufbauen will, ist meist hoch motiviert und würde am liebsten jeden Tag zum Training. Doch Vorsicht, das führt in der Regel schnell zum Muskelübertraining und macht müde. Der Körper braucht einfach zwei bis drei Monate Zeit, um sich an die Belastungen zu gewöhnen. Ohne moderate Erholungsphasen alle 48 Stunden geht das nicht. Deshalb sollten Einsteiger das Training kurz und intensiv gestalten und sich erst einmal auf die großen Muskeln Rücken, Brust und Beine beschränken. Drei bis vier Übungen mit jeweils acht bis zehn Wiederholungen sind perfekt. Zu den besten Übungen gehören Brustdrücken schräg oder horizontal, Butterfly, Latziehen zur Brust und zum Rücken, Kniebeuge am Gestell (Hackenschmidt), Beinbeuger und Beinstrecker an der Maschine.

Spezielle Übungen für verschiedene Bereiche

Für die kleinen Muskelgruppen wie zum Beispiel Arme, Schultern, Nacken und Waden genügen zwei bis drei Sätze mit der gleichen Wiederholungszahl wie bei den großen Muskeln. Beliebte Übungen für die Arme sind: Kurz-, Langhantel-Bizepscurls, Bizepscurls auf der Schrägbank, Trizepsdrücken am Kabelzug, Ober-/Untergriff, enge Liegestütze, Dips am Gestell, enges Flachbankdrücken oder klassische Liegestütze.

Für die Schultern und den Nacken sind folgende Übungen sehr gut geeignet: Schulterdrücken vertikal am Gerät, Seitheben sitzend an der Maschine, Front- und Seitheben mit Kurzhantel stehend, Langhanteldrücken über den Kopf, Butterfly Reverse.

Für die Waden diese Übungen: Presse stehend oder sitzend am Gestell, Wadenpresse an Beinpresse. Außerdem sollte man nach einem abgeschlossenen Übungssatz eineinhalb Minuten Pause machen, um seine schnellen Energiereserven wieder aufzubauen. Zur Kraftsteigerung kann man Kreatin als Supplement nehmen. Haben sich die Muskeln ausreichend erholt, kann man mehr Wiederholungen machen beziehungsweise Gewicht stemmen.

Tipp: Wer seinen Proteinshake mit Kohlenhydraten nach dem Training kombiniert, kann sogar seine Energiereserven noch mit auffüllen, wodurch Körper und Muskeln sich noch schneller erholen. Die Empfehlung ist 1 Teil Protein und 2 bis 3 Teile Kohlenhydrate (zum Beispiel 30 g „Extreme Whey Deluxe" und 60 bis 90 g „My Supps Maltodextrin").

Mal anders trainieren? Das kann bereichern

Für Fortgeschrittene: Fortgeschrittene kennen ihren Körper und spüren im Training genau, wenn die Muskeln erschöpft oder müde sind. Daher trainieren sie nicht länger als 60 Minuten. Zudem haben sie schon etliche Trainingsprogramme ausprobiert, mit denen sie auch ihr eigenes Programm meistens selbst zusammenstellen. Sie sind überzeugt von dem, was sie tun. Trotzdem wäre es ratsam, erfahrene Personen und Trainer zu befragen, ob das derzeitige Programm gut ausgewählt ist. Manchmal ist ein Austausch bereichernd; man lernt neue Übungen oder Abläufe, und auch die Intensität verändert sich. Viele Fortgeschrittene halten an ihrem Programm über Wochen und Monate fest, was aber zur Ermüdung der Muskeln führt. Es kommt zur Stagnation der Trainingsleistungen, und der Muskelzuwachs bleibt aus.

Deshalb lautet meine Botschaft an alle Fortgeschrittenen: Tauschen Sie sich mit Gleichgesinnten aus. Das bringt neuen Schwung ins Training. Eine Alternative sind auch Foren oder Zeitschriften, die einem neue Anregungen fürs Training vermitteln. Fortgeschrittene sollten außerdem ihr Programm periodisieren, also für acht bis zwölf Wochen durchplanen, und das Krafttraining regelmäßig durchziehen.

Gönnen Sie sich ruhig mal eine Woche Auszeit

Danach wäre es ratsam, eine Pausenzeit von mindestens einer Woche einzuplanen, damit man den Kopf frei bekommt und Energiereserven schonen kann. In dieser Zeit wächst nicht nur die Motivation, sondern man bekommt auch Lust auf Neues. Profis gönnen sich nach harten Trainingswochen eine Auszeit, damit die Muskeln und das Gehirn sich erholen können. Das macht mental fit, ohne dass man körperlich nachlässt.

Übrigens: Auch Fortgeschrittene sollten zwei- bis dreimal pro Woche Ausdauertraining einbauen, um den Körperfettanteil gering zu halten. Die meisten machen Ausdauer, wenn sie für den Urlaub eine perfekte Strandfigur haben möchten. Das temporäre Ausdauertraining ist zwar hilfreich, wirkt aber nur in der Zeit, in der es auch tatsächlich gemacht wird, und nicht über das ganze Jahr. Wer hingegen zwölf Monate am Ball bleibt, bekommt und behält auch sein Sixpack. Ausdauertraining wie Laufen, Radfahren oder Stepper mögen die wenigsten Fitness- und Kraftsportler. Das ist aber kein Problem, denn man kann ja noch auf andere Kraft- und Ausdauersportarten wie Schwimmen, Skifahren, Aerobic-Kurse, Rudern, Squash oder Karate ausweichen.

Rezept auf Seite 52

FRÜHSTÜCK

Wer fit und leistungsfähig
in den Tag starten möchte,
sollte sich die erste
Mahlzeit auf keinen Fall
entgehen lassen

B-B-MÜSLI
mit Knusper-Kokos

Fertig in nur 8 Minuten

Nährwerte pro Portion
Kalorien (kcal): 420
Proteine (g): 13
Kohlenhydrate (g): 70
Fette (g): 10

Zutaten für 2 Portionen
› 12 EL Haferflocken (ca. 100 g)
› 2 TL flüssiger Honig
› 2 kleine Birnen
› 100 g Tiefkühl-Beeren
› 300 g Dickmilch oder Joghurt 3,5 % Fett
› 100 ml Kokosmilch aus der Dose

Zubereitung

1 Die Haferflocken in einer Pfanne bei mittlerer Hitze etwa 2 Minuten leicht rösten. Honig darüber verteilen und etwa 1 Minute verrühren. Die Hafer-Knusperflakes in eine Schüssel füllen.

2 Birne waschen, halbieren, entkernen und in kleine Stücke schneiden. Mit den aufgetauten Beeren zu den Flakes geben und mischen. Dickmilch und Kokosmilch hinzugeben und glatt rühren.

Tipp
Bei Laktoseintoleranz ersetzen Sie Dickmilch durch laktosearmen Frischkäse oder Joghurt.

Gerade beim Abnehmen ist ein Frühstück wichtig. Dieses leckere Müsli beispielsweise wird fix Low Carb: Statt der Haferflocken vier Scheiben Knäckebrot essen. Damit sind's nur noch ca. 50 g Kohlenhydrate. Wem das noch immer zu viel ist, der kann statt Honig zuckerfreie Aromen wie das „My Supps Flavouring System" oder „Walden Farms Erdbeersoße" nehmen – das reduziert die Kohlenhydrate auf rund 40 g.

STRAWBERRY-FLAKES mit Power-Proteinen

Fertig in nur 4 Minuten

Zutaten für etwa 2 Portionen
› 250 g Erdbeeren
› 100 g ungezuckerte Cornflakes
› 200 ml fettarmer Sojadrink
› 300 g fettarmer Joghurt
› 4 EL Proteinpulver Vanille (40 g)

Nährwerte pro Portion
Kalorien (kcal): 411 | Proteine (g): 32 | Kohlenhydrate (g): 55 | Fette (g): 7

Zubereitung
1 Die Erdbeeren waschen, die grünen Stielansätze entfernen. Dann vierteln und auf Küchenpapier kurz abtropfen lassen. Die Stücke mit den Cornflakes mischen.

2 Sojadrink mit Joghurt und Proteinpulver im Shaker mixen, über die Flakes geben.

Tipp
Probieren Sie statt Proteinpulver mit Vanille-Geschmack auch mal Stracciatella – lecker!

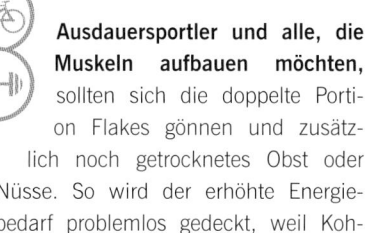

Ausdauersportler und alle, die Muskeln aufbauen möchten, sollten sich die doppelte Portion Flakes gönnen und zusätzlich noch getrocknetes Obst oder Nüsse. So wird der erhöhte Energiebedarf problemlos gedeckt, weil Kohlenhydrate und gesunde Fette für beide Gruppen super Energielieferanten sind.

APFEL-MÜSLI Perfekte Starthilfe für Leistungssportler

Fertig in nur 6 Minuten

Zutaten für 2 Portionen
› 300 g fettarmer Joghurt
› 150 g Magerquark
› 4 EL Apfelmus
› 2 kleine süßsaure Äpfel, z. B. Jonagold
› 60 g ungezuckerte Cornflakes
› 60 g kernige Haferflocken

Nährwerte pro Portion
Kalorien (kcal): 440 | Proteine (g): 21 | Kohlenhydrate (g): 75 | Fette (g): 6

Zubereitung
1 Joghurt und Quark mit dem Apfelmus glatt rühren.

2 Äpfel waschen, vierteln, entkernen und in Stücke schneiden. Mit Cornflakes und Haferflocken in die Apfel-Creme rühren.

Gut zu wissen
Die proteinreichen Haferflocken machen fit. Sie liefern die Ballaststoff-Fasern Beta-Glucane (durch die Zuckermoleküle nur langsam ins Blut gelangen) und Fitmacher-Mineralstoffe. Eisen versorgt mit Sauerstoff, der ermöglicht, Fette und Kohlenhydrate als Energie zu verbrennen. Zink ist wichtig für die Bildung von muskelaufbauenden Hormonen wie Testosteron und Insulin. Tipp: Zu Haferflocken immer Obst essen, dann kann der Körper Eisen aus pflanzlichen Lebensmitteln besser aufnehmen.

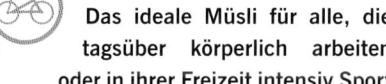

Das ideale Müsli für alle, die tagsüber körperlich arbeiten oder in ihrer Freizeit intensiv Sport treiben, denn die Kohlenhydrate geben den Muskeln Energie für ausdauernde Belastungen. Je intensiver sich Muskeln bewegen, desto schneller sind die Energiespeicher in der Muskulatur erschöpft. Deshalb sollten sie frühzeitig aufgefüllt werden, sonst kommt es während der Belastung zu einem schnellen Leistungseinbruch, man wird müde und kraftlos. Schwerstarbeiter und Sportler sollten täglich 6 bis 10 g Nahrungskohlenhydrate je Kilo Körpergewicht zu sich nehmen – ein 70 kg schwerer Mann also bis zu 525 g.

FRUITY CHEESECAKE
Eine süße Verführung

Zutaten für 12 Kuchenstücke

› 1 kleine Dose Mandarinen
  (175 g Abtropfgewicht)
› 1 kleine Bio-Zitrone
› 2 Eier (Größe M)
› 200 g Schmand
› 500 g Magerquark
› 6 EL Proteinpulver Vanille (60 g)
› 1 EL Rapsöl zum Fetten der Backform

Zubereitung

1 Die Mandarinen im Sieb abtropfen. Die Zitrone mit einem feuchten Küchentuch abreiben und die gelbe Schale mit einer Küchenreibe fein abraspeln.

2 Für den Teig Eier mit Schmand und Quark glatt rühren. Zitronenschale und Proteinpulver unterheben.

3 Die Hälfte des Teigs in eine gefettete Kastenbackform (30 cm Länge) geben. Die Mandarinen gleichmäßig darüber verteilen. Den restlichen Teig darübergeben und glatt streichen.

4 Den Kuchen im Ofen etwa 1 Stunde bei 150 Grad Umluft (oder 175 Grad Ober-/Unterhitze, dann vorheizen) fertig backen. Etwa 40 Minuten abkühlen lassen.

Tipp

Wer keine Mandarinen mag, der kann stattdessen auch anderes frisches oder tiefgekühltes Obst nehmen. Aber Achtung: Tiefkühl-Obst muss vor der Zubereitung aufgetaut werden, sonst wird die Quarkmasse zu wässrig.

Killt Heißhunger sofort!

Figurbewusste, die immer wieder von gemeinen Süßhunger-Attacken gequält werden, können aufatmen: **Dieser kalorienarme Kuchen ist auch tagsüber ein prima Snack, wenn es wieder losgeht.** Zweiter Pluspunkt: Im Quark steckt das Milchprotein Casein – ein extrem guter Sattmacher!

Nährwerte pro Portion
(4 Stücke)
Kalorien (kcal): 456
Proteine (g): 40
Kohlenhydrate (g): 20
Fette (g): 24

HIMBEEREN IM SCHOKO-POOL eintauchen und vernaschen

Fertig in nur 6 Minuten

Zutaten für 2 Portionen

› 2 Würfel Zartbitter-Kuvertüre (à 25 g)
› 1 Kaffeetasse heißes Wasser
› 250 g Himbeeren
› 200 g fettarmer Joghurt
› 400 g Magerquark
› 2 TL Schokoladenstreusel

Nährwerte pro Portion
**Kalorien (kcal): 500 | Proteine (g): 26 |
Kohlenhydrate (g): 35 | Fette (g): 25**

Zubereitung

1 Kuvertüre in einer Kaffeetasse mit dem heißen Wasser halb bedecken, in der Mikrowelle etwa 1 Minute bei 600 Watt zum Schmelzen bringen. Mit dem Joghurt und dem Quark glatt rühren.

2 Die Himbeeren vorsichtig waschen, auf Küchenpapier trocknen und sanft unter die Schokoladen-Creme heben. Mit Schokostreuseln dekorieren.

Tipp
Schmeckt genauso lecker mit ertränkten Erdbeeren.

Abnehmen und Schoko-Sucht muss kein Widerspruch sein. Jeder, der mag, sollte sich täglich ein Stück Schokolade (25 g) gönnen. Oder eine große Portion dieser Himbeer-Speise. Übrigens: Mittlerweile gibt es fast kalorienfreie Schokoladensoßen – wie die von „Walden Farms". Wie das möglich ist? Ganz einfach: Man nimmt entfettetes Kakaopulver, vermischt das mit kalorienfreien Süßungsmitteln, Geschmacksträgern wie Aromen und Wasser. Fertig ist das kalorienarme Schoko-Vergnügen.

BANANEN-SPLIT Cremiger Sattmacher

Fertig in nur 8 Minuten

Zutaten für 2 Portionen

› 400 g Magerquark
› 200 g Dickmilch 3,5 % Fett
› 4 Tropfen Bittermandel-Aroma
› 2 Bananen
› 6 Reiswaffeln
› 2 TL Zartbitter-Schokoraspel

Nährwerte pro Portion
**Kalorien (kcal): 400 | Proteine (g): 31 |
Kohlenhydrate (g): 53 | Fette (g): 7**

Zubereitung

1 In einer Schüssel Quark, Dickmilch und Aroma glatt rühren.

2 Bananen schälen, längs halbieren und in dünne Scheiben schneiden. Reiswaffeln mit den Händen fein zerbröseln und mit den Bananen unter die Quarkmasse heben. Schokoraspel darüberstreuen.

Gut zu wissen
Im Supermarkt gibt's nur klassische Backaromen, die ungesüßt sind. Besser für Süßspeisen, weil sie keinen zusätzlichen Zucker nötig machen, sind z. B. Aromen der Firma „My Supps" – die sind bereits mit Süßstoff verfeinert.

Ausdauersportler nehmen statt des Aromas kohlenhydratreichen Honig, Ahornsirup oder Birnendicksaft. Alternative: statt frischer Bananen Früchtemüsli oder Body Attack Carbo Loader.

Für mehr Muskelmasse zum Bananen-Split eiweißreiche Getreidesorten wie Amaranth, Hirse, Hafer, Dinkel und Quinoa zufügen. Sehr eiweißreich sind auch JabuVit-Protein- und Low-Carb-Müslis.

COOKIE-VANILLEQUARK
Geballte Eiweiß-Power

Zutaten für 2 Portionen

› 4 EL Proteinpulver Vanille (40 g)
› 200 ml Wasser
› 200 g saure Sahne
› 400 g Magerquark
› 2 kleine Cookies (à 15 g)

Fertig in nur 5 Minuten

Nährwerte pro Portion
Kalorien (kcal): 407 Proteine (g): 48
Kohlenhydrate (g): 20
Fette (g): 15

Zubereitung

1 Das Proteinpulver im Wasser glatt rühren. Saure Sahne und Quark hinzugeben, noch einmal alles glatt rühren.

2 Cookies mit den Händen fein zerbröseln und unter die Quarkmasse heben.

Tipp

Statt der Cookies können Sie auch Vollkorn-, Haferkekse oder um die Weihnachtszeit Spekulatius oder Lebkuchen nehmen.

Bei einer Low-Carb-Ernährung die Cookies durch 100 g Obst (außer Banane) oder Beerenfrüchte ersetzen. Schokofans sollten statt der Kekse „Body Attack Carb Control Riegel" klein schneiden und in die Creme bröseln. Die Riegel sind mit Zuckeralkoholen gesüßt, haben kaum einen Einfluss auf den Blutzuckerspiegel, liefern viel satt machendes Protein (45 g pro 100 g) und wichtige B-Vitamine.

SCHICHT-JOGHURT
Ein beeriger Morgengruß

Zutaten für 2 Portionen

› 250 g Tiefkühl-Waldbeeren
› 500 g fettarmer Joghurt
› 200 g saure Sahne
› 2 EL Erdbeerkonfitüre „Extra"
› 4 Vollkornkekse (à 7 g)
› Zimt, Koriander

Nährwerte pro Portion

**Kalorien (kcal): 400 | Proteine (g): 14 |
Kohlenhydrate (g): 50 | Fette (g): 17**

Zubereitung:

1 Waldbeeren 2 Stunden vor Zubereitung bei Zimmertemperatur oder in der Mikrowelle 3 Minuten bei 600 Watt auftauen.

2 Joghurt mit saurer Sahne und Konfitüre cremig rühren. Mit Zimt und Koriander abrunden.

3 Beeren und die Joghurt-Creme abwechselnd in ein Weinglas schichten und die zerbröselten Kekse drüberstreuen.

Sommer-Tipp

Tiefkühl-Obst mit dem Joghurt in einem Mixer zerkleinern – fertig ist ein fruchtiges Sorbet.

 **Waldbeeren sind ideal für Ausdauer und Kraft, weil sie viel Kalium und Flavonoide liefern.** Kalium ist wichtig für die Muskelarbeit, Flavonoide sind antioxidativ – verhindern Ermüdungserscheinungen.

HIMBEER-DICKMILCH mit süßen Haferkeksbröseln

Fertig in nur 8 Minuten

Zutaten für 2 Portionen

› 150 g Tiefkühl-Himbeeren
› 150 g Dickmilch 3,5 % Fett
› 400 g körniger Frischkäse < 2,5 % Fett
› 2 EL Proteinpulver Vanille (20 g)
› 6 kleine Haferkekse (à 7 g pro Stück)

Nährwerte pro Portion

**Kalorien (kcal): 400 | Proteine (g): 38|
Kohlenhydrate (g): 25| Fette (g): 17**

Zubereitung

1 Himbeeren einige Stunden zuvor im Kühlschrank oder schnell 1 ½ Minuten bei 600 Watt in der Mikrowelle auftauen.

2 Dickmilch mit Frischkäse und Proteinpulver glatt rühren. Himbeeren darunterheben. Haferkekse zerbröseln, über die Himbeer-Frischkäsecreme streuen.

Tipp

Bei Laktoseintoleranz nehmen Sie laktosefreien Frischkäse und verrühren ihn mit etwas Reis-, Hafer- oder Sojadrink. Weitere

Alternative: laktosearme Milchproteine wie in „Body Attack Casein Proteinpulver", das weniger als 1 g Laktose auf eine Portion liefert.

 **Heißhunger auf Kuchen? Statt ihn sich ständig zu verkneifen, besser etwas Gebäck mit einer großen Portion Proteine kombinieren.** Warum? Die verweilen länger im Magen, schneller Zucker gelangt nicht sofort ins Blut. So ist der Kuchenhunger gestillt und endet nicht als Hüftgold.

**Fertig in nur
10 Minuten**

Fertig in nur
8 Minuten

CASEIN-SÜSSKIRSCHEN
mit knackigem Vollkorn {Laktosearm!}

Zutaten für 2 Portionen

› 200 g entsteinte Kirschen,
   im Winter tiefgefroren oder im Glas
› 400 ml fettarme Milch
› 6 EL Casein-Proteinpulver Vanille (60 g)
› 100 ml Wasser
› 6 Scheiben Vollkornknäckebrot

Nährwerte pro Portion
Kalorien (kcal): 352
Proteine (g): 37
Kohlenhydrate (g): 42
Fette (g): 4

Zubereitung

1 Die Kirschen waschen und auf Küchenpapier trocknen.

2 In einem Shaker Milch, Wasser und Proteinpulver ½ Minute kräftig schütteln. Das Knäckebrot dann mit den Händen fein zerbröseln.

3 Kirschen und Knäcke in eine Müsli-Schale geben, den Proteinshake drübergießen.

Gut zu wissen

In den meisten Super- und Drogeriemärkten gibt es beim Proteinpulver nur Mischungen aus Molken- und Milchproteinen. Beim Casein hingegen handelt es sich um ein Protein der Trinkmilch, das man in der Molkerei normalerweise weiter zu Käse verarbeitet. Da Käse bzw. Casein kaum oder gar keine Laktose (Milchzucker) enthält, passt dieses Pulver ideal in eine laktose- und zuckerarme Ernährung.

MARZIPAN-MORELLEN Powerpack für Morgenmuffel

Fertig in nur 8 Minuten
plus Backzeit

Zutaten für 2 Portionen
› 200 g Schattenmorellen aus dem Glas
› 4 kleine Zwiebäcke (à 9 g)
› 50 g Marzipan-Rohmasse
› 200 g Magerquark
› 150 g fettarmer Joghurt
› 1 Ei (Größe L)

Nährwerte pro Portion
Kalorien (kcal): 520 | Proteine (g): 21 |
Kohlenhydrate (g): 52 | Fette (g): 25

Zubereitung

1 Backofen auf 175 Grad vorheizen. Die Schattenmorellen im Sieb abtropfen. Zwiebäcke mit den Händen zerbröseln und die Marzipan-Rohmasse mit einer Gabel zerdrücken.

2 Magerquark mit Joghurt und Ei glatt rühren. Die restlichen Zutaten unterheben und in eine kleine, ungefettete Auflaufform füllen. Im Backofen auf der mittleren Schiene etwa 30 Minuten fertig backen.

Tipp

Zum Marzipan passen außer Kirschen auch Aprikosen, Birnen, Mirabellen oder Grapefruit.

 Fürs Abnehmen sind die Muskeln die besten Fettverbrenner.
Die benötigen allerdings Proteine für ihre Arbeit. Deshalb helfen Milchprodukte zu jeder Mahlzeit beim Abnehmen. Der Körper braucht für deren Aufspaltung dreimal mehr Energie (Kalorien) als für Kohlenhydrate.

GEBACKENER KIRSCHAUFLAUF
mit flüssiger Schokolade versüßt

2 Die Nüsse mit einem Messer grob zerhacken. Quark und Eier glatt rühren. Kirschen und Nüsse drunterheben. Mit Zimt und Koriander würzen.

3 Die Masse in eine große oder zwei kleine feuerfeste Porzellanschüsseln füllen und etwa 25-30 Minuten fertig backen. Danach kurz auskühlen lassen und stürzen.

4 Gebackene Quarkspeise in 4 Zentimeter dicke Scheiben schneiden und anrichten. Kuvertüre in der Mikrowelle mit etwas Wasser schmelzen, darübergießen.

Tipp
Im Sommer besonders köstlich: statt Kirschen Rhabarber, Erdbeeren oder Heidelbeeren!

Gut zu wissen
Zum Backen Proteinpulver ohne die Süßungsmittel Aspartam, Thaumatin und Steviolglycoside nehmen, denn die sind nicht hitzestabil und zum Backen ungeeignet.

Gegen lästige Heißhungerattacken helfen leckere Obstspeisen mit etwas Schokolade. Dazu sollte immer eine Portion Protein (wie hier beim Kirschauflauf der Quark) eingebaut werden, denn die Proteine sind super Sattmacher.

Fertig in nur 10 Minuten
plus Backzeit

Zutaten für 2 Portionen
› 150 g Tiefkühl-Sauerkirschen (entsteint) oder Schattenmorellen aus dem Glas
› 30 g Walnüsse
› 400 g Magerquark
› 2 Eier (Größe M)
› 25 g Zartbitter-Kuvertüre
› Zimt, Koriander

Zubereitung
1 Den Backofen auf 200 Grad vorheizen. Die Tiefkühl-Sauerkirschen kurz bei Zimmertemperatur antauen lassen oder alternativ die Schattenmorellen in einem Sieb gut abtropfen.

Nährwerte pro Portion
Kalorien (kcal): 450
Proteine (g): 36
Kohlenhydrate (g): 27
Fette (g): 22

APPLE-PIE-QUARK
für eilige Frühstücker

Fertig in nur 7 Minuten

Zutaten für 2 Portionen
› 4 EL Proteinpulver Vanille (40 g)
› 100 ml Wasser
› 300 g Magerquark
› 150 g Dickmilch 3,5 % Fett
› 2 mittelgroße Äpfel
› 6 Reiswaffeln
› Zimt, Koriander, Muskat

Zubereitung
1 Proteinpulver mit Wasser mischen. Quark und Dickmilch hinzufügen, glatt rühren.

2 Äpfel waschen, entkernen und in kleine Stücke schneiden. Reiswaffeln mit den Händen zerbröseln, zusammen mit den Äpfeln unter den Vanille-Quark rühren. Mit den Gewürzen abschmecken.

Nährwerte pro Portion
Kalorien (kcal): 377
Proteine (g): 42
Kohlenhydrate (g): 41
Fette (g): 5

Für trainierte Arme und einen Sixpack braucht man über den Tag verteilt Protein. Besonders aber nach dem Training: Dann können Muskeln durch eine eiweißreiche Mahlzeit von 20 g und mehr schneller wachsen.

 Ausdauersportler sollten schon einige Tage vorm Wettkampf mehr Kohlenhydrate zuführen, damit die Energiespeicher maximal gefüllt werden. Ideal sind nicht nur Pastagerichte, sondern auch Getränke wie Body Attack Isotonic Sports Drink.

HAJO'S BEST BLUEBERRY-PIE

Kuchen zum Frühstück

{Liebeserklärung für Muffin-Fans}

Zutaten für 2 Portionen

› 4 Eiweiß
› 1 Eigelb
› 100 ml Wasser
› 6 Tropfen Rum-Aroma
› 3 EL Proteinpulver Vanille (30 g)
› 100 g zarte Haferflocken
› 250 g Heidelbeeren
› 1 EL Olivenöl

Zubereitung:

1 Den Backofen auf 175 Grad Ober- und Unterhitze vorheizen.

2 Eiweiß, Eigelb und Wasser schaumig schlagen. Rum-Aroma, Proteinpulver und Haferflocken hinzufügen, alles gut verrühren und die Beeren unterheben.

3 Eine kleine Auflaufform mit Öl ausfetten und die Haferflocken-Eiermasse gleichmäßig einfüllen. Auf mittlerer Schiene des Ofens etwa 25 Minuten fertig backen. Herausnehmen und vor dem Verzehr 30 Minuten abkühlen lassen.

Tipp

Bei Glutenunverträglichkeit tauschen Sie die Hafer- durch Reis- und Hirseflocken aus.

Noch ein Tipp

Die Haferflocken-Eiermasse kann auch als Pancake in der Pfanne ausgebacken werden.

Nährwerte pro Portion

Kalorien (kcal): 413
Proteine (g): 29
Kohlenhydrate (g): 45
Fette (g): 13

Statt des normalen Teigs eine fertige fettarme Protein-Pancake-Mischung nehmen. Die von Body Attack beispielsweise liefert drei hochwertige Proteinquellen (Whey-, Casein- und Eggprotein) und eignet sich somit hervorragend als Snack für eine Muskelaufbau- oder Diätphase.

Fertig in nur
10 Minuten plus Backzeit

PINEAPPLE-CREAM
aus dem Backofen

Zutaten für 2 Portionen
› 250 g frische Ananas
› 150 g fettarmer Joghurt
› 300 g Magerquark
› 4 EL Proteinpulver Vanille (40 g)
› 1 Ei (Größe L)
› 30 g Sojaflocken
› ½ TL Butter zum Fetten der Form

Nährwerte pro Portion
Kalorien (kcal): 510
Proteine (g): 45
Kohlenhydrate (g): 26
Fette (g): 25

Zubereitung

1 Ananas schälen, waschen, vierteln und in mundgerechte Stücke schneiden.

2 Joghurt mit Quark, Proteinpulver und Ei glatt rühren. Dann Ananasstücke und Sojaflocken unterheben.

3 Dessertschalen dünn mit Butter ausstreichen und die Joghurt-Quarkspeise darin abfüllen. Im Backofen bei 175 Grad Umluft etwa 18 Minuten backen.

Fertig in nur 10 Minuten
plus Backzeit

Frische Ananas enthält das Enzym Bromelain, das Proteine spaltet und daher verdauungsfördernd wirkt. Außerdem liefert es Vitamin C, das in Verbindung mit Proteinen die Bildung von straffem Bindegewebe unterstützt.

ORANGEN-TIRAMISU für die italienische Seite in uns

Fertig in nur 15 Minuten

Zutaten für 2 Portionen
› 1 kleine Tasse heiß gebrühter Kaffee
› 1 EL Amaretto-Likör
› 2 kleine Orangen
› 250 g Magerquark
› 4 Tropfen Orangen-Aroma
› 100 ml Schlagsahne 10 % Fett
› 2 EL Proteinpulver Vanille (20 g)
› 8 kleine Vollkornkekse
› ½ TL fettarmes Kakaopulver

Nährwerte pro Portion
Kalorien (kcal): 465 | Proteine (g): 25 |
Kohlenhydrate (g): 37 | Fette (g): 24

Zubereitung

1 Kaffee in einer flachen Schüssel mit dem Amaretto verrühren. Orange schälen, halbieren und in feine Filets schneiden.

2 Quark mit dem Aroma und Proteinpulver glatt rühren. Sahne steif schlagen und unter den Quark heben.

3 In zwei Dessertschalen jeweils den Boden dünn mit Quarkmasse bestreichen. Die Vollkornkekse im Amaretto-Kaffee tränken und jeweils vier über den Quark legen. Danach die Orangenfilets gleichmäßig darüber verteilen und wieder mit etwas Quarkmasse bedecken. Dann erneut getränkte Kekse, Orangenfilets und die restliche Quarkmasse schichten. Die oberste Schicht mit einem nassen Teelöffel glatt streichen und das Kakaopulver darübersieben. Das Tiramisu vor dem Vernaschen 30 Minuten kalt stellen.

Während der Diät Schokolade und Kekse zu verbieten macht keinen Sinn, denn irgendwann kommt der Heißhunger auf Süßes. Der Trick: Beides unbedingt mit je einer Portion Protein kombinieren. Das verzögert die Aufnahme von Einfachzuckern, wodurch der Blutzucker kaum erhöht und der Hunger verzögert wird.

PROTEIN-PANCAKES mit Ahornsirup

Fertig in nur 15 Minuten

Zutaten für 2 Portionen
› 2 Eier (Größe M)
› 100 ml Wasser, 150 ml fettarme Milch
› 80 g Weizenmehl Type 1050
› 4 EL Proteinpulver Vanille (40 g)
› 8 TL Rapsöl
› 120 g Magerquark
› 8 TL Ahornsirup

Nährwerte pro Portion
Kalorien (kcal): 510 | Proteine (g): 33 |
Kohlenhydrate (g): 70 | Fette (g): 11

Zubereitung

1 Eier mit Wasser, Milch, Mehl und Proteinpulver glatt rühren. Öl in der Pfanne erhitzen und aus dem Teig bei mittlerer Hitze 8 Pancakes ausbacken. Anschließend auf Küchenpapier entfetten.

2 Pancakes mit je einem Esslöffel Quark bestreichen, Ahornsirup darübergießen, vorsichtig aufrollen und servieren.

Gut zu wissen
Für Eilige gibt auch fertige Protein-Pancakes, z. B. von Body Attack.

Halten gekühlt 5 Tage!

Statt Ahornsirup 100 g geriebenes oder püriertes frisches Obst wie Äpfel, Aprikosen, Erdbeeren, Mango usw. verwenden.

Ausdauersportler sollten die Pancakes mit Obst und Honig zubereiten. Oder zusätzlich konzentrierte Kohlenhydrate wie „Carbo Loader" von Body Attack im Teig verarbeiten – vor allem in der Wettkampf-Phase.

WAKE-UP-AUFSTRICH
mit pikanten Auberginen

Zutaten für 2 Portionen

› 1 mittelgroße Aubergine
› 1 Knoblauchzehe
› 100 g fettarmer Frischkäse < 20 % Fett
› 50 g saure Sahne
› 2 TL Tiefkühl-Petersilie
› Saft von ½ Zitrone
› 2 EL Sesamöl
› 4 Scheiben Low-Carb-Brot oder Eiweißbrot (à 45 g)
› Salz, schwarzer Pfeffer, Masala, Kurkuma

Zubereitung

1 Aubergine putzen, würfeln, kräftig salzen und 5 Minuten ziehen lassen. Knoblauch schälen, würfeln und mit einem großen Küchenmesser und etwas Salz zerreiben.

2 Frischkäse, saure Sahne, Petersilie und Knoblauch mischen, salzen und pfeffern.

3 Das Öl in einer Pfanne erhitzen und die abgetropften Auberginenwürfel etwa 10 Minuten bei mittlerer Hitze darin braten. Kurz vor Garende würzen und eine weitere Minute braten. In ein hohes Gefäß geben, pürieren und mit dem Zitronensaft verfeinern.

4 Das Auberginen-Püree 1 Minute abkühlen, dann unter die Frischkäse-Creme rühren und abschmecken. Zum Aufstrich Low-Carb-Brot (Seite 144) servieren.

Tipp

Bei einer Laktoseintoleranz die saure Sahne weglassen und durch 50 g geriebenen Käse wie Emmentaler, Edamer oder Gouda austauschen. Oder alternativ 100 g gekochte Kichererbsen oder Tofu natur pürieren und mit 50 g gehackten Nüssen verfeinern.

Veganer müssen für den Muskelaufbau statt der Milchprodukte andere wertvolle Proteinlieferanten in den Aufstrich einbauen: Walnüsse, Tofu, Kürbiskerne, Buchweizen, Leinsamen, Hafer, Gerste, Amaranth und Quinoa. Gut ist auch Proteinpulver auf Basis von Erbsen, Soja oder Reis.

Sie mögen es cremiger? Statt saurer Sahne Ricotta, Crème fraîche oder Schmand nehmen – aber nicht vergessen: das liefert auch mehr Fett und Kalorien.

Nährwerte pro Portion
Kalorien (kcal): 430
Proteine (g): 32
Kohlenhydrate (g): 19
Fette (g): 25

TUNA-TOMATO-SANDWICH

Der amerikanische Klassiker

Fertig in nur 12 Minuten

Zutaten für 2 Portionen

› 1 Dose Thunfisch im eigenen Saft mit MSC-Siegel (150 g)
› 2 mittelgroße Tomaten
› 150 g Magerquark
› 50 g saure Sahne
› 1 EL Tomatenmark
› Saft von ½ kleinen Zitrone
› 1 EL frischer oder Tiefkühl-Schnittlauch
› 4 Scheiben Roggenbrot (à 45 g)
› Salz, schwarzer Pfeffer, Paprika rosenscharf

Zubereitung

1 Thunfisch in einem Sieb abtropfen lassen und danach mit einer Gabel zerdrücken. Tomaten waschen, trocknen, vierteln und das Kerngehäuse herauskratzen. Das Tomatenfleisch fein würfeln.

2 Quark, saure Sahne und Tomatenmark in eine Schüssel geben und mit dem Zitronensaft glatt rühren. Anschließend den Thunfisch mit dem Schnittlauch unter die Masse rühren und mit den Gewürzen abschmecken. Den Thunfisch-Tomaten-Aufstrich auf dem Brot verteilen.

Tipp

Wer keinen Fisch mag, kann 80 g geriebenen Parmesan, zerbröselten Schafskäse oder gehackte Nüsse unter die Creme heben.

Gut zu wissen

Heute sollte jeder etwas für die Umwelt und Nachhaltigkeit tun: Kaufen Sie nur Speisefisch mit dem blauen MSC-Siegel, denn der stammt aus nachhaltiger Fischerei. Das MSC steht für Marine Stewardship Council, eine unabhängige Organisation, die sich für umweltschonende Fangtechniken und gegen die weltweite Überfischung einsetzt.

Nährwerte pro Portion

Kalorien (kcal): 454
Proteine (g): 34
Kohlenhydrate (g): 48
Fette (g): 14

Nicht nur Fleisch gehört zu den Top-Protein- und Kreatin-lieferanten, auch Fisch wie Lachs und Thunfisch. Extrem viel Kreatin liefert der Hering – auf 1 kg können bis zu 10 g enthalten sein. Der schnelle Energielieferant Kreatin (mindestens 3 g täglich) verleiht den Muskeln mehr Power beim Krafttraining, sodass man mehr Gewichte stemmen kann.

SCRAMBLED EGGS mit Schinkenwürfeln

Fertig in nur 12 Minuten

Zutaten für etwa 2 Portionen
› 100 g zarte Haferflocken
› 100 ml Mineralwasser
› 6 Eiweiß
› 2 Eigelb
› 2 kleine Zucchini
› 2 EL Rapsöl
› 60 g magere Schinkenwürfel
› 2 TL tiefgefrorener Schnittlauch
› Salz, schwarzer Pfeffer, Kreuzkümmel

Nährwerte pro Portion
Kalorien (kcal): 490 | Proteine (g): 30 | Kohlenhydrate (g): 35 | Fette (g): 25

Zubereitung

1 Haferflocken und Mineralwasser 2 Minuten quellen lassen. Inzwischen Zucchini waschen, trocknen, Enden entfernen, würfeln. Eiweiß, Eigelb sowie Schnittlauch hinzufügen, schaumig schlagen.

2 Öl in einer großen Pfanne erhitzen. Zucchini etwa 3 Minuten bei mittlerer Hitze braten, Schinkenwürfel hinzufügen, würzen.

3 Haferflocken-Eimasse über das Zucchinigemüse in die Pfanne geben und etwa 2 Minuten rühren, bis die Masse fest wird. Nochmals gut würzen.

Durch Kombination aus fett- und proteinreichen Nahrungsmitteln (hier Eier, Haferflocken und Rapsöl) verzögert sich sofort die Magenentleerung. So bleibt der Blutzucker konstant – und man ist lange satt. Unmittelbar vor dem Sport ist diese Kombi allerdings weniger geeignet, da sie schwer verdaulich ist.

PAPRIKA-PASTE zu feiner Putenbrust

Fertig in nur 8 Minuten

Zutaten für 2 Portionen
› ½ rote Paprika
› ½ grüne Paprika
› 200 g Kräuterfrischkäse < 20 % Fett
› 50 ml Wasser
› 1 TL Paprika rosenscharf
› 2 TL Tiefkühl-Petersilie
› 8 Scheiben Sesamknäckebrot
› 18 kleine Scheiben Putenbrust-Aufschnitt (à 5 g pro Scheibe)
› Salz, Pfeffer, Curry

Nährwerte pro Portion
Kalorien (kcal): 430 | Proteine (g): 22 | Kohlenhydrate (g): 33 | Fette (g): 23

Zubereitung

1 Paprika halbieren, Kerne entfernen, waschen und fein würfeln. Frischkäse mit dem Wasser cremig rühren. Paprika, Paprikapulver und Petersilie unterheben und alles kräftig würzen.

2 Das Knäckebrot dick bestreichen und je 3 Scheiben Putenbrust drauflegen.

Tipp
Paprika liefert mehr Vitamin C als viele Obstsorten, sogar mehr als Zitrusfrüchte!

BARBECUE-DOPPELDECKER

Das Sandwich mit Mehrwert

Zutaten für 2 Portionen

› ¼ Salatgurke
› 1 große Tomate
› 4 Scheiben Roggenbrot (à 45 g)
› 4 TL Barbecue-Soße
› 4 Scheiben Roastbeef (à 20 g)
› 2 Scheiben Maasdamer (à 60 g)

Nährwerte pro Portion

Kalorien (kcal): 471
Proteine (g): 30
Kohlenhydrate (g): 45
Fette (g): 19

Zubereitung

1 Gurke und Tomate waschen, auf Küchenpapier trocknen und in dünne Scheiben schneiden. Roggenbrot dünn mit der Barbecue-Soße bestreichen.

2 Auf zwei Brotscheiben jeweils zwei Scheiben Roastbeef, zwei Tomatenscheiben, eine Scheibe Maasdamer und die Gurken verteilen. Danach mit den restlichen beiden Brotscheiben „deckeln".

Tipp

Veganer ersetzen das Roastbeef durch Räuchertofu, vegetarische Bratlinge oder Würstchen.

Noch weniger Kohlenhydrate gefällig? Die Body-Attack-Low-Carb-Brot-Backmischung punktet mit einem Kohlenhydratgehalt von unter 1 g pro Scheibe (45 g). Somit nehmen Sie pro Portion nicht mehr als 10 g Kohlenhydrate auf und sparen zusätzlich 145 Kilokalorien ein. Noch mehr Abnehmpotenzial: die herkömmliche Barbecue-Soße durch reines Gemüsemus (z. B. Ajvar), Senf oder die zuckerfreie „Walden Farms Barbecue" (< 1 g Zucker/100 ml) ersetzen.

Fertig in nur
10 Minuten

CAMEMBERT-WALNUSS-CREME
Mit frischen Birnenwürfeln

Zutaten für 2 Portionen

› 1 runder Camembert 30 % Fett
› 60 g fettarmer Frischkäse < 20 % Fett
› 60 g fettarmer Joghurt mild
› 4 Walnusskerne
› 1 kleine reife Birne
› 2 TL Tiefkühl-Petersilie
› 4 Scheiben Roggenbrot (à 45 g)
› Salz, weißer Pfeffer, Cayennepfeffer

Nährwerte pro Portion

Kalorien (kcal): 500
Proteine (g): 27
Kohlenhydrate (g): 52
Fette (g): 20

Zubereitung

1 Camembert mit einer Gabel zerdrücken. Frischkäse mit dem Joghurt hinzugeben und glatt rühren.

2 Walnusskerne zerkleinern. Birne in feine Würfel schneiden. Mit der Petersilie unter die Camembert-Masse rühren, würzen. Aufs Brot streichen.

Tipp

Der Aufstrich ist auch mit fettreichem Blauschimmelkäse und Fetakäse lecker. Davon aber nicht mehr als 50 g nehmen, sonst wird's zu fett. Apropos: Die empfohlene Fettmenge einer gesunden Ernährung liegt täglich bei maximal 110 g.

KIWI-LACHS-MIX auf Vollkornbrot

Fertig in nur 12 Minuten

Zutaten für ca. 2 Portionen

› 2 Kiwis
› 2 Scheiben Räucherlachs (à 50 g)
› 200 g körniger Frischkäse < 2,5 % Fett
› 150 g Dickmilch 3,5 % Fett
› 2 TL Meerrettich a. d. Glas
› 1 TL tiefgefrorener Dill
› 4 dünne Scheiben Roggenvollkornbrot (à 45 g pro Scheibe)
› Salz, weißer Pfeffer

Nährwerte pro Portion

Kalorien (kcal): 420 | Proteine (g): 30 | Kohlenhydrate (g): 51 | Fette (g): 10

Zubereitung

1 Kiwis schälen und klein würfeln. Räucherlachs in dünne Streifen schneiden.

2 Frischkäse mit Dickmilch, Meerrettich und Dill mischen. Lachs und Kiwis zufügen, salzen und pfeffern, aufs Brot streichen.

Gut zu wissen

Vollkornbrot gehört zur gesunden Ernährung. Durch die geringe Verarbeitung des Getreides gelangen die Kohlenhydrate nur langsam in die Blutbahn und beeinflussen somit den Insulinspiegel kaum – das ist gut, denn ein dauerhaft erhöhter Insulinanstieg führt zu Übergewicht und Diabetes. Also – je mehr Getreidekörner im Brotlaib sind, desto besser ist die Qualität.

Im Sport sind stabile Knochen, Gelenke sowie Sehnen wichtig, denn sie übertragen die Kraft auf die trainierenden Muskeln. Dafür braucht es nicht nur Protein, sondern auch Vitamin C, das an der normalen Knorpelbildung beteiligt ist. Kiwi liefert auf 100 g etwa 80 mg Vitamin C, also mehr als Apfelsinen oder Grapefruits.

SCHINKEN-KÄSE-KNÄCKE mit Apfel-Möhren-Paste

Fertig in nur 12 Minuten

Zutaten für ca. 2 Portionen
› 2 mittelgroße Möhren, 1 Apfel
› 150 g Frischkäse < 20 % Fett
› 2 TL Petersilie
› 8 Scheiben Vollkornknäckebrot
› 2 Scheiben Edamer 45 % Fett i.Tr.
› 2 Scheiben Kochschinken (à 30 g)
› Salz, weißer Pfeffer, Muskat

Nährwerte pro Portion
Kalorien (kcal): 480 | Proteine (g): 25 |
Kohlenhydrate (g): 41 | Fette (g): 24

Zubereitung

1 Möhren waschen, Stiel- und Wurzelansatz entfernen. Apfel waschen, halbieren, entkernen und mit der Möhre raspeln. Mit Frischkäse verrühren, Petersilie unterheben und würzen.

2 Käse- und Schinkenscheiben halbieren und die Knäckebrotscheiben damit belegen. Den Aufstrich darauf verteilen.

CHICKEN-SALAD „Florida"

Fertig in nur 15 Minuten

Zutaten für 2 Portionen
› 2 Hähnchenbrustfilets (à 125 g)
› 400 ml heißes Wasser
› 1 TL Gemüsebrühe (Pulver)
› 4 kleine Mandarinen oder
  1 kleine Dose Mandarinen
› 2 grüne Paprika
› 100 g fettarmer Joghurt mild
› 100 g körniger Frischkäse < 2,5 % Fett
› 1 TL Curry
› 2 Scheiben Pumpernickel (je 56 g)
› Salz, schwarzer Pfeffer, Cayennepfeffer

Nährwerte pro Portion
Kalorien (kcal): 404 | Proteine (g): 50 |
Kohlenhydrate (g): 42 | Fette (g): 4

Zubereitung

1 Hähnchenbrustfilets längs in 4 flache dünne Steaks schneiden. Mit schwarzem Pfeffer und Cayennepfeffer würzen.

2 Topf mit Wasser und Brühe aufsetzen. Filets 10 Minuten bei größerer Hitze kochen, dann im Kühlschrank 2 Minuten herunterkühlen.

3 Mandarinen schälen und mit den Fingern zu Filets zerpflücken. Paprika halbieren, entkernen, waschen, trocknen und würfeln. Hähnchen aus dem Kühlschrank nehmen und grob würfeln.

4 Alles vorsichtig mit Joghurt, Frischkäse und Curry verrühren. Mit Salz, Pfeffer und Cayennepfeffer kräftig abschmecken. Zum Pumpernickelbrot servieren.

Besonders viele Ballaststoffe

Tipp
Vegetarier nehmen Soja-Bratlinge oder vegetarische Würstchen.

Gut zu wissen
Sie sollten so oft wie möglich auf dem Teller landen, weil jeder Bissen megagesund ist: Ballaststoffe machen satt, sorgen für eine reibungslose Verdauung, binden und entsorgen unerwünschte Substanzen (wie z. B. Schwermetalle) und überschüssige Fettbestandteile (Cholesterine). Deshalb empfehlen Ernährungswissenschaftler, 30 g Ballaststoffe am Tag zu essen. Mit dieser leckeren Mahlzeit decken Sie bereits ein Drittel des Bedarfs.

KIDNEYBOHNEN-SALAT
Ein Schlankbeschleuniger

Zutaten für 2 Portionen

› 100 g Edamer (am Stück) 45 % Fett i.Tr.
› 4 große Scheiben Kochschinken
› 12 Cornichons (kleine Gewürzgurken)
› 1 kleine Dose Kidneybohnen
  (255 g Abtropfgewicht)
› 1 grüne Paprika
› 2 TL mittelscharfer Senf
› 4 TL Tiefkühl-Schnittlauch
› 2 EL Branntweinessig
› Salz, schwarzer Pfeffer, Cayennepfeffer,
  Koriander
› 2 Scheiben Low-Carb-Brot oder
  Eiweiß-Brot (à 45 g)

Zubereitung

1 Käse in fingerdicke Scheiben schneiden und klein würfeln. Schinkenscheiben halbieren und in Streifen schneiden. Gurken halbieren und in feine Scheiben schneiden. Kidneybohnen im Sieb abtropfen. Paprika halbieren, entkernen, waschen und in Streifen schneiden.

2 Alles mit Senf, Schnittlauch und Essig verrühren. Mit den Gewürzen kräftig abschmecken und mit dem Brot servieren.

Gut zu wissen

Das Besondere an den Kidneybohnen: Neben Ballaststoffen haben sie einen hohen Proteingehalt von 10 g pro 100 g Bohnen – perfekt für eine Diät. Besonders populär wurden die Feuerbohnen durch die enthaltenen Phaseolamine, die eine Kohlenhydratverdauung verzögern sollen. In einer Studie nahmen 60 Übergewichtige, die vor einer Hauptmahlzeit Phaseolamine aßen, bei einer täglichen Kalorienzufuhr von etwa 2000 Kalorien nach 30 Tagen durchschnittlich über 1 kg mehr an Körpergewicht ab, als andere Teilnehmer.

Fertig in nur 15 Minuten

 Für Läufer an Trainingstagen ist dieses Gericht ungeeignet. Grund: Ballaststoffreiche Lebensmittel bleiben länger im Magen und können Verdauungsprobleme verursachen. Schwer verdaulich sind Hülsenfrüchte, Kohlgemüse, Pilze, Nüsse und Mehrkornbrot mit Körnern.

 Beim Muskelaufbau kommt es in der Ernährung nicht nur auf die Eiweißmenge an, sondern auch auf die Kombination einzelner Proteinquellen. Perfekt ist der Mix aus Kidneybohnen und Käse, bei dem genügend der acht Bausteine (essentiellen Aminosäuren) für den Proteinstoffwechsel bereitgestellt werden. Eine Eiweißquelle alleine reicht nicht aus.

Nährwerte pro Portion
Kalorien (kcal): 520
Proteine (g): 49
Kohlenhydrate (g): 37
Fette (g): 20

RUCOLA-RADIESCHEN-AUFSTRICH
mit deftiger Kabanossi

Zutaten für 2 Portionen

› 30 g Rucola
› 6 mittelgroße Radieschen
› 100 g Dickmilch 3,5 % Fett
› 200 g Magerquark
› 100 g Kabanossi
› 4 Scheiben Roggenbrot (à 45 g)
› Salz, weißer Pfeffer, Paprika rosenscharf

Nährwerte pro Portion

Kalorien (kcal): 507
Proteine (g): 28
Kohlenhydrate (g): 47
Fette (g): 23

Zubereitung

1 Rucola gründlich in kaltem Wasser waschen, auf Küchenpapier trocknen und klein schneiden. Radieschen waschen, Wurzel- und Stielansatz entfernen und zusammen mit der Kabanossi würfeln.

2 Dickmilch mit dem Quark glatt rühren und die restlichen Zutaten unterheben, mit den Gewürzen kräftig abschmecken.

Dickmilch und Quark zählen zum Milchprotein Casein und sind die besten Abnehmhelfer. Den Beweis lieferte eine Studie: In zwei gleich großen Gruppen starteten 28 übergewichtige Polizisten mit Krafttraining und bekamen kalorienreduzierte Kost mit viel Protein. Die erste Gruppe erhielt das Casein- und die zweite Gruppe das Molkenprotein. Nach 12 Wochen hatte die erste Gruppe im Schnitt 7 Kilo Fett ab- und 4 Kilo fettfreie Körpermasse aufgebaut, die zweite lediglich vier Kilo Fett verloren und 2 Kilo magere Muskelmasse gewonnen.

Fertig in nur
16 Minuten

WARMER WIENER-SALAT

Flott zusammengewurstelt

Zutaten für 2 Portionen

› 500 ml heißes Wasser
› 2 Wiener Würstchen (à 70 g)
› 2 Stauden Chicorée
› 2 große Tomaten
› ½ Salatgurke
› 1 Stange Lauchzwiebel
› 2 EL Branntweinessig
› 2 TL mittelscharfer Senf
› 2 Scheiben Vollkornbrot (à 45 g)
› 2 TL Kräuterfrischkäse < 20 % Fett
› Salz, schwarzer Pfeffer

Zubereitung

1 Wasser in einem flachen Topf zum Kochen bringen, Würstchen mit einer kräftigen Prise Salz hineingeben und etwa 5 Minuten mit geschlossenem Deckel ziehen lassen.

2 Chicorée halbieren, Strunk entfernen, in dünne Scheiben schneiden. Etwa 1 Minute im kalten Wasser liegen lassen, um die Bitterstoffe zu reduzieren. Anschließend auf ein Sieb zum Abtropfen geben.

3 Tomaten, Gurke und Lauch waschen und trocknen. Tomaten halbieren, in mundgerechte Ecken schneiden. Gurke vierteln, in dünne Scheiben schneiden, Lauchzwiebel in Röllchen schneiden.

4 Das ganze Gemüse zusammen in einer Schüssel mit Essig und Senf verrühren. Mit Gewürzen kräftig abschmecken. Die Würstchen in dünne Scheiben schneiden, unter den Salat heben.

5 2 Scheiben Vollkornbrot mit Frischkäse bestreichen und zum Salat servieren.

Fertig in nur 10 Minuten

Gut zu wissen

Bei Würstchen kommt es immer auf die Menge an, denn 100 g liefern etwa 300 Kalorien und über 25 g Fett. Da eine Wurst selten satt macht, immer eine große Portion satt machende Ballaststoffe – beispielsweise rohes Gemüse – dazu essen.

Nährwerte pro Portion

Kalorien (kcal): 361
Proteine (g): 18
Kohlenhydrate (g): 25
Fette (g): 21

RINDER-MINUTENSTEAKS
zu süßsauren Senfgurken

Fertig in nur 13 Minuten

Zutaten für ca. 2 Portionen

› 4 dünne Rinder-Minutensteaks (à 80 g)
› 2 EL Olivenöl
› 4 EL Barbecue-Soße
› 8 Senfgurken a. d. Glas
› 4 Scheiben Low-Carb-Brot oder Eiweißbrot (à 45 g)
› Salz, grob zermahlener Pfeffer

Zubereitung

1 Das Öl in der Pfanne erhitzen, die Rinder-Minutensteaks bei mittlerer Hitze von jeder Seite 3 Minuten braten. Dann auf Küchenpapier entfetten.

2 Senfgurken auf Küchenpapier abtropfen lassen und in Hälften schneiden.

3 Gebratene Minutensteaks auf die vier Low-Carb-Brotscheiben legen und jeweils mit einem Esslöffel Barbecue-Soße übergießen. Die Senfgurkenhälften dazu servieren.

Tipp

Wem das Low-Carb- bzw. Eiweißbrot (siehe Seite 144) zu aufwendig ist, der nimmt die JabuVit-Brotbackmischung. Eiweißbrot hat zwar auf 100 g doppelt so viele Kalorien wie normales Brot, dafür macht es aber länger satt.

Fette liefern fast doppelt so viel Energie wie Kohlenhydrate und Proteine: In einem Gramm Fett stecken 9 kcal. Wer also Low Fat essen und zudem ein paar Speckröllchen an Hüfte und Bauch loswerden will, sollte daran denken. Deshalb sollten alle, die es schon morgens deftig lieben, statt Bock-, Rinds- oder Fleischwurst magere Sorten auftischen. Auch Hühnchen, Pute, Schweinerücken oder Roastbeef sind fettarm – egal, ob als Aufschnitt oder dünnes Minutensteak.

Nährwerte pro Portion
Kalorien (kcal): 440
Proteine (g): 49
Kohlenhydrate (g): 30
Fette (g): 14

MITTAG

Ob leicht, deftig oder kalt zum Mitnehmen ins Büro – jetzt darf sich jeder ganz nach seinem Geschmack richtig satt essen

Rezept auf Seite 98

Sweet
CHICKEN-SALAD
mit Honigmelone

Schmeckt auch kalt im Büro

Zutaten für 2 Portionen

› 2 Hähnchenbrustfilets (à 125 g)
› 2 EL Olivenöl
› 12 Cherrytomaten
› 200 g Honigmelone
› 1 Stange Lauchzwiebeln
› 100 g Couscous
› 500 ml kochendes Wasser
› 6 EL heller Balsamico-Essig
› Salz, weißer Pfeffer, Cayennepfeffer, Kreuzkümmel

Zubereitung

1 Die Filets mit Pfeffer und Cayennepfeffer würzen. Im heißen Öl jeweils 1 Minute von beiden Seiten stark anbraten. Dann bei ausgeschalteter Herdplatte mit geschlossenem Deckel 5 Minuten ziehen lassen.

2 Tomaten waschen, trocknen und vierteln. Fruchtfleisch der Honigmelone von der Schale lösen und klein würfeln. Wurzelansatz der Lauchzwiebeln entfernen, waschen, in dünne Röllchen schneiden.

3 Kochendes Wasser über das Couscous gießen und 5 Minuten quellen lassen. Das Hähnchen würfeln, mit Tomaten, Melone und Lauchzwiebeln vermengen. Alles mit den Gewürzen und dem Essig marinieren und mit dem Couscous mischen.

Melone schmeckt im Sommer **herrlich erfrischend, ist aber auch als leckerer Wasserlieferant vor und nach dem Muskeltraining ideal.** Außerdem stecken zwei wichtige Aminosäuren (L-Arginin und L-Citrullin) drin, die wichtig für den Proteinstoffwechsel sind und Ermüdungssubstanzen während der Belastung abpuffern.

Feuriges zum Abnehmen! **Scharfer Cayennepfeffer bringt uns beim Essen mächtig ins Schwitzen. Gut so, denn seine Scharfstoffe – Capsaicinoide – sind ideal während einer Diät:** Durch sie verbrauchen wir mehr Energie und haben weniger Appetit.

Nährwerte pro Portion
Kalorien (kcal): 460
Proteine (g): 37
Kohlenhydrate (g): 60
Fette (g): 8

LOW-CARB-PASTA
mit Paprika-Ziegenkäse-Soße

Zutaten für 2 Portionen

› 100 g Low-Carb-Nudeln
› 1 kleine Zwiebel
› 2 bunte Paprika
› 1 EL Olivenöl
› 1 TL Oregano
› 1 TL Paprika edelsüß
› ½ TL Curry
› 1 TL Gemüsebrühe (Pulver)
› 300 ml Ketchup light
› 2 TL Tiefkühl-8-Kräutermischung
› 80 g Ziegenkäse
› Salz, schwarzer Pfeffer

Zubereitung

1 In einem Topf heißes Salzwasser zum Kochen bringen, die Nudeln hineingeben und etwa 7 bis 10 Minuten bei mittlerer Hitze bissfest kochen – dabei ab und zu rühren. In einem Sieb abtropfen lassen.

2 Zwiebel schälen, Paprika vierteln, entkernen, waschen und beides klein würfeln.

3 Öl in einem Topf erhitzen, Paprika und Zwiebel etwa 2 Minuten bei größerer Hitze braten. Dann Gewürze und Brühe hinzugeben und alles eine weitere Minute braten. Zuletzt Ketchup und Kräutermischung in die Soße rühren und etwa 2 Minuten bei mittlerer Hitze kochen. Mit Salz und Pfeffer abschmecken.

4 Pasta mit der Soße übergießen und den gewürfelten Ziegenkäse darüberstreuen.

Gut zu wissen

Light-Produkte sind kein Fake, obwohl viele das immer noch glauben. Die Hersteller müssen sich an die Gesetze halten – und die legen knallhart fest, dass die Light-Variante 30 Prozent weniger Gesamtkalorien enthalten muss als das herkömmliche Produkt. Beispiel: Die meisten Ketchups enthalten ca. 110 Kalorien pro 100 Gramm – Ketchup light nicht mehr als 80.

Nährwerte pro Portion
Kalorien (kcal): 540
Proteine (g): 45
Kohlenhydrate (g): 39
Fette (g): 23

Diese Nudeln strotzen vor Protein

Low-Carb-Nudeln (z. B. von Body Attack) schmecken wie Vollkornpasta, obwohl sie nur aus Pflanzenproteinen und Hühnereiweiß bestehen. Sie machen also richtig satt und passen hervorragend in eine moderne Low-Carb-Ernährung.

Diese Nudeln nicht vor dem Training verzehren, denn in der Muskelaufbauphase sind es die Kohlenhydrate (z. B. in Vollkornnudeln, Reis, Kartoffeln, Vollkornbrot, Müsli), die den Muskeln die Power für das kraftvolle und ausdauernde Training geben. Am Tag mindestens 3 g Kohlenhydrate je Kilogramm Körpergewicht essen. Aber nach dem Sport müssen Proteine auf den Teller, weil sie den Aufbau der Muskeln sehr effektiv vorantreiben. Jetzt ist Low-Carb-Pasta ideal!

Fertig in nur
15 Minuten

Fertig in nur
12 Minuten

ROSTBRATWURST NACH WESTERNART

{Ideal für Low Fat}

mit zünftigem Kartoffel-Gurken-Salat

Zutaten für 2 Portionen

› 6 kleine gekochte Kartoffeln (à 40 g)
› 1 ½ Salatgurken
› ½ Bund Dill
› 2 TL mittelscharfer Senf
› 6 EL heller Balsamico-Essig
› 100 ml Olivenöl
› 2 fettreduzierte Rostbratwürste (à 75 g)
› 6 EL Barbecue-Soße
› Salz, weißer Pfeffer, Muskat

Zubereitung

1 Die am Tag vorher gekochten Kartoffeln pellen, halbieren und in dünne Scheiben schneiden. Gurke halbieren, das Kerngehäuse mit einem Teelöffel herauskratzen und in dünne Scheiben (Halbmonde) schneiden. Dill waschen, Stiele entfernen und klein hacken. Kartoffeln, Gurken und Dill in einer Schüssel mit Senf, Essig und Gewürzen vorsichtig vermengen.

2 Bratwurst auf einer Seite mehrmals einschneiden und im heißen Öl etwa 5 Minuten bei mittlerer Hitze von allen Seiten braten. Auf Küchenpapier entfetten und mit dem Kartoffelsalat auf Tellern anrichten. Die Barbecue-Soße über die Bratwurst geben.

Tipp

Für Kartoffelsalat eignen sich vor allem festkochende Kartoffeln, weil sie einen geringen Stärkeanteil liefern. Dadurch bleiben die Kartoffeln auch nach dem Kochen fest und lassen sich leichter pellen. Ideal sind Sorten wie Hansa und Sieglinde – oder achten Sie auf die Bezeichnung „festkochend".

In einer gesunden Ernährung haben gesättigte Fettsäuren in Form von fetter Wurst und fetten Fleisch- bzw. Milchprodukten nichts zu suchen, denn denen haben die meisten von uns eh genügend Bauch- und Hüftgold zu verdanken. Verzichten ist trotzdem nicht nötig, da es ja leckere leichte Sorten gibt. Fettreduzierte Wurst erkennt man daran, dass auf 100 g 30 Prozent weniger Fett enthalten ist. Beispiel: Sind bei normaler Rostbratwurst auf 100 g 30 g Fett, darf die Light-Variante nur 21 g Fett enthalten.

Nährwerte pro Portion
Kalorien (kcal): 470
Proteine (g): 15
Kohlenhydrate (g): 55
Fette (g): 21

AUBERGINEN-PILZ-PILAW {Bringt Ausdauer-Power}

mit zarten Rinderfiletstreifen

Zutaten für 2 Portionen

› 1 mittelgroße Aubergine
› 10 große braune Champignons
› 1 Knoblauchzehe
› 150 g Rinderfilet
› 2 EL Olivenöl
› 100 g Parboiled-Reis
› ½ TL Kurkuma
› ½ TL Masala
› 150 g Dickmilch 3,5 % Fett
› 2 TL Gemüsebrühe (Pulver)
› 300 ml heißes Wasser
› 2 TL tiefgefrorene Petersilie
› Salz, schwarzer Pfeffer

Nährwerte pro Portion
Kalorien (kcal): 465
Proteine (g): 30
Kohlenhydrate (g): 48
Fette (g): 17

Zubereitung

1 Aubergine waschen, Enden entfernen, klein würfeln. Mit 2 kräftigen Prisen Salz mischen, 3 Minuten ziehen lassen. Pilze säubern, klein schneiden. Knoblauch schälen und fein würfeln. Filet in Streifen schneiden, in 1 EL Öl 2 Minuten bei größerer Hitze braten und herausnehmen.

2 In derselben Pfanne Gemüse im restlichen Öl 2 Minuten braten. Den rohen Reis, Kurkuma und Masala zugeben, 1 Minute braten. Dickmilch, Brühe und Wasser einrühren, bei mittlerer Hitze 10 Minuten kochen. Filet und Kräuter 1 Minute vor Garende dazugeben. Pilaw gut würzen.

Veganer, Ausdauersportler und besonders auch Frauen können von Eisenmangel betroffen sein – gute Lieferanten sind Rindfleisch, Hülsenfrüchte, Samen und Nüsse.

KÜRBIS-CHICKEN-CURRY

Stärkt die Abwehrkräfte mit Provitamin A

Fertig in nur 16 Minuten

Zutaten für 2 Portionen

› 2 Hähnchenbrustfilets (à 125 g)
› 1 kleiner Hokkaido-Kürbis (ca. 500 g)
› 2 EL Olivenöl
› 4 mittelgroße Tomaten
› 1 dünne Stange Porree
› 1 TL Paprika rosenscharf
› 2 TL Curry
› ½ TL Kurkuma
› 300 ml heißes Wasser
› 2 TL Gemüsebrühe (Pulver)
› 2 TL saure Sahne
› 2 TL Tiefkühl-Kräuter nach Wahl
› Salz, schwarzer Pfeffer, Koriander, Kreuzkümmel

Nährwerte pro Portion
Kalorien (kcal): 455 | Proteine (g): 38 | Kohlenhydrate (g): 42 | Fette (g): 15

Zubereitung

1 Filets in Streifen schneiden, pfeffern. Den Kürbis waschen, halbieren, das Kerngehäuse herauskratzen und würfeln. Das Öl im Topf erhitzen, Kürbiswürfel und Fleisch darin etwa 3 Minuten bei mittlerer Hitze braten. Dabei gelegentlich rühren.

2 Tomaten waschen, klein würfeln. Porree putzen, halbieren, in dünne Streifen schneiden und kurz abspülen. Tomaten, Porree, Paprikapulver, Curry und Kurkuma zum Kürbisgemüse geben und 1 Minute braten. Mit Wasser und Brühe auffüllen, weitere 6 Minuten mit geschlossenem Deckel kochen lassen. Kurz vor Garende das Chicken-Curry mit den Gewürzen abschmecken, mit saurer Sahne und Kräutern servieren.

Fertig in nur
16 Minuten

THUNFISCH MIT BUNTEM GEMÜSE
Sattmacherbohnen inklusive!

Zutaten für 2 Portionen
› 1 kleine Dose Kidneybohnen (255 g)
› 1 kleine Dose Mais (140 g)
› 2 Dosen Thunfisch in Öl (à 185 g)
› 1 grüne Paprika
› 250 g weiße Champignons
› 1 EL Rapsöl
› 50 g magere Schinkenwürfel
› 4 EL heller Balsamico-Essig
› 2 TL Tiefkühl-Schnittlauch
› Salz, weißer Pfeffer

Nährwerte pro Portion
Kalorien (kcal): 500 | Proteine (g): 37 | Kohlenhydrate (g): 37 | Fette (g): 23

Zubereitung
1 Kidneybohnen, Mais und Thunfisch im Sieb abtropfen. Paprika halbieren, entkernen, waschen und klein würfeln. Champignons mit einem Küchentuch säubern und in dünne Scheiben schneiden.

2 Die Pilze im heißen Öl in der Pfanne etwa 4 Minuten bei mittlerer Hitze braten.

3 Gemüse mit den Pilzen und den Schinkenwürfeln vermengen. Balsamico-Essig und Schnittlauch zugeben und alles kräftig würzen.

Bohnen sind in der Low-Carb-Ernährung ein guter Kohlenhydratersatz, denn sie liefern eine kleine Menge Pflanzenstärke, die den Blutzucker in der Diät stabil hält. Außerdem liefern sie Ballaststoffe – und die machen lange satt.

Eiweiß-Bombe!

BRAT-NUDELN mit Thunfisch und Shrimps

Fertig in nur 14 Minuten

Zutaten für 2 Portionen
› 100 g Low-Carb-Nudeln
› 100 g Tiefkühl-Erbsen
› 100 g Tiefkühl-Shrimps
› ½ Dose Thunfisch in Öl mit MSC-Qualitätssiegel (60 g)
› 1 rote und 1 grüne Paprika
› 1 Zwiebel
› 1 EL Rapsöl
› 25 g magere Schinkenwürfel
› 2 Eier (Größe M)
› 4 EL Barbecue-Soße
› Salz, schwarzer Pfeffer, Koriander, Kurkuma, Curry, Cayennepfeffer

Nährwerte pro Portion
Kalorien (kcal): 570 | Proteine (g): 65 | Kohlenhydrate (g): 26 | Fette (g): 23

Zubereitung
1 Nudeln kochen, Erbsen und Shrimps in der Mikrowelle auftauen. Fisch in einem Sieb abtropfen. Paprika entkernen, vierteln, in feine Streifen schneiden. Zwiebel schälen und würfeln.

2 Öl in einer Pfanne erhitzen. Nudeln, Schinken, Paprika und Zwiebeln 2 Minuten bei größerer Hitze braten. Erbsen und Shrimps zugeben, 2 Minuten braten und gut würzen.

3 Eier aufschlagen und zusammen mit dem Thunfisch ebenfalls in die Pfanne geben, gut verrühren, bis die Eier fest werden. Die Barbecue-Soße unterrühren.

Tipp
Dieses Gericht können Sie auch kalt essen – super fürs Büro oder für unterwegs.

Das Gericht liefert so viel Protein wie zwei normale Mahlzeiten – perfekt also für alle, die abnehmen wollen. Die große Eiweiß-Menge macht lange satt – das verhindert den Muskelabbau.

BAKED CHILI-BEANS
mit Blitz-Rindersteaks {Hot, hotter!}

Zutaten für 2 Portionen

› 2 Rinder-Minutensteaks (à 100 g)
› 4 mittelgroße Tomaten
› 400 g Tiefkühl-Prinzessbohnen
› 1 Knoblauchzehe
› 300 ml passierte Tomaten
› 6 EL Barbecue-Soße
› 1 TL Chili
› 1 TL Majoran
› ½ TL Curry
› 100 g geriebener Mozzarella 45 % Fett i.Tr.
› 1 TL Butter
› Salz, schwarzer Pfeffer

Nährwerte pro Portion

Kalorien (kcal): 430
Proteine (g): 38
Kohlenhydrate (g): 25
Fette (g): 20

Zubereitung

1 Steaks in Streifen schneiden, mit Pfeffer und Salz würzen. Tomaten waschen, Stielansatz entfernen, mit den Bohnen in mundgerechte Stücke schneiden. Knoblauch schälen, klein würfeln, mit etwas Salz auf dem Schneidebrett zerreiben. Mit passierten Tomaten, Barbecue-Soße und Gewürzen in einer Schüssel mischen. Den geriebenen Mozzarella und die Rinderfiletstreifen unterheben.

2 Auflaufform mit Butter fetten, Bohnen-Tomaten-Gemüse hineingeben. Auf mittlerer Schiene des Ofens bei 200 Grad Umluft etwa 15 Minuten backen.

 Bohnen sind Eins-a-Protein-lieferanten für die Muskelerhaltung, enthalten als i-Tüpfelchen den fett- und cholesterinsenkenden Wirkstoff Saponine. Super für den Fettstoffwechsel!

 Ideal zum Aufwärmen im Büro

SAUERKRAUT-HACK-SOLJANKA
Hält gekühlt 1 Woche

Fertig in nur 16 Minuten

Zutaten für 2 Portionen

› 300 g Sauerkraut aus der Dose
› 4 große Gewürzgurken
› 200 g Hack halb und halb
› 1 TL Tomatenmark
› 2 mittelgroße Zwiebeln
› ½ rote Paprika
› ½ gelbe Paprika
› 200 ml Ketchup light
› 300 ml heißes Wasser
› 2 TL Gemüsebrühe (Pulver)
› 2 TL süßer Senf
› 2 EL saure Sahne
› Salz, schwarzer Pfeffer, Majoran, Piment

Nährwerte pro Portion

Kalorien (kcal): 410 | Proteine (g): 33 | Kohlenhydrate (g): 27 | Fette (g): 19

Zubereitung

1 Sauerkraut und Gurken in einem Sieb abtropfen. Hack in einer beschichteten Pfanne ohne Fett bei mittlerer Hitze etwa 4 Minuten braten, dabei gelegentlich rühren.

2 Zwiebeln schälen, vierteln, in feine Scheiben schneiden. Paprika entkernen, waschen, vierteln und mit der Gurke in dünne Streifen schneiden. Sauerkraut klein schneiden.

3 Tomatenmark, Zwiebeln und Paprika zum Hack geben und 2 Minuten braten, ab und zu rühren. Mit Ketchup, Wasser und Brühe auffüllen. Alles 1 Minute kochen, Senf, Sauerkraut sowie Gurken hinzugeben. Die Soljanka 5 Minuten bei größerer Hitze kochen, dann würzen. Mit saurer Sahne servieren.

Gut zu wissen
Sauerkraut wirkt probiotisch und kurbelt deshalb auch die Verdauung an!

Fertig in nur
20 Minuten plus Backzeit

Das Hackfleisch durch fett-reduziertes ersetzen. Es liefert auf 100 g nur 10 g statt 20 g Fett.

GEBACKENE SEESCHOLLE
unterm Pinienkruste-Deckel

Zutaten für 2 Portionen
› 1 Kopf Brokkoli
› ½ rote Paprika
› 40 g Pinienkerne
› 1 EL Magerquark
› 1 Ei (Größe M)
› Saft einer ½ Zitrone
› 2 große Seeschollenfilets (à 150 g)
› 4 TL mittelscharfer Senf

Für die Dillsoße
› 200 ml heißes Wasser
› ½ TL Gemüsebrühe (Pulver)
› 150 g fettarmer Frischkäse < 20 % Fett

› 2 TL Senf
› 2 TL Tiefkühl-Dill
› Salz, schwarzer Pfeffer, Muskat, Koriander

Nährwerte pro Portion
Kalorien (kcal): 500
Proteine (g): 45
Kohlenhydrate (g): 13
Fette (g): 30

Zubereitung

1 Brokkoliröschen etwa 3 Minuten bei mittlerer Hitze kochen. Dann auf einem Sieb abtropfen. Paprika waschen und würfeln.

2 Brokkoli mit Pinienkernen, Quark und Ei pürieren, mit Salz, Pfeffer, Muskat würzen.

3 Schollen mit Zitronensaft, Pfeffer und Koriander marinieren, auf ein mit Backpapier belegtes Blech legen und oben mit Senf bestreichen. Darauf die Brokkolimasse verteilen. Auf mittlerer Schiene bei 180 Grad Umluft 15 Minuten backen.

4 Für die Dillsoße Wasser, Brühe und Frischkäse in einem Topf bei mittlerer Hitze kochen. Senf und Dill unterrühren, mit Salz und Pfeffer abschmecken.

Auch kalt lecker

SÜSSSAURER MATJES an rotem Steckrüben-Püree

Fertig in nur 18 Minuten

Zutaten für 2 Portionen
› 1 kleine Steckrübe (ca. 600 g)
› 2 TL Butter
› 250 ml heißes Wasser
› 2 TL Gemüsebrühe (Pulver)
› 2 eingelegte Matjesfilets (à 65 g)
› 1 kleiner süßsaurer Apfel
› 2 große Gewürzgurken
› 2 kleine rote Zwiebeln
› 2 TL Tiefkühl-Dill
› 2 TL Tiefkühl-Petersilie
› 4 EL Dickmilch
› 2 EL fettarmer Frischkäse < 20 % Fett
› 1 gegarte Rübe Rote Bete

› 1 EL Sahne-Meerrettich
› Salz, weißer und schwarzer Pfeffer, Muskat, Kreuzkümmel

Nährwerte pro Portion
Kalorien (kcal): 500 | Proteine (g): 23 | Kohlenhydrate (g): 30 | Fette (g): 32

Zubereitung

1 Steckrübe schälen, würfeln. Butter im Topf bei mittlerer Hitze zum Schmelzen bringen, die Hälfte der Steckrübe darin 2 Minuten braten. Mit Muskat, Kreuzkümmel und weißem Pfeffer würzen. Rest Steckrübe, Wasser und Brühe zugeben, mit geschlossenem Deckel etwa 12 Minuten kochen.

2 Matjes auf Küchenpapier entfetten, in Stücke teilen. Apfel waschen, entkernen, mit den abgetropften Gewürzgurken würfeln. Zwiebeln schälen, halbieren, in dünne Scheiben schneiden. Alles mit Tiefkühl-Kräutern, Dickmilch, Frischkäse und Matjes verrühren, salzen und pfeffern.

3 Rote Bete würfeln, mit der Steckrübe pürieren. Mit Meerrettich und Gewürzen abschmecken, zum Matjes anrichten.

Tipp

Rote Bete ist ein super Calcium-Lieferant (400 mg/100 g) – gut zur Blutdruck-Regulierung und für die Muskelkontraktion.

KOHLRABI IN KÄSEHÜLLE
mit Gurken-Dip gestapelt

Zutaten für 2 Portionen

› 2 große Kohlrabi
› 1 Ei (Größe L)
› 100 ml fettarme Milch
› 80 g zarte Haferflocken
› 80 g geriebener Parmesan
› 100 ml Rapsöl

Für den Gurken-Dip

› ½ Salatgurke
› ½ saurer Apfel
› Saft von ½ Zitrone
› 250 g Magerquark
› je 2 TL Tiefkühl-Schnittlauch und -Dill
› Salz, schwarzer Pfeffer, Koriander

Nährwerte pro Portion

Kalorien (kcal): 510
Proteine (g): 36
Kohlenhydrate (g): 35
Fette (g): 25

Zubereitung

1 Kohlrabi schälen, in 1 cm dicke Scheiben schneiden und in Salzwasser 1 Minute kochen.

2 Für die Panade Ei und Milch schaumig schlagen. In einer zweiten Schüssel Haferflocken und Parmesan mischen.

3 Kohlrabi aus dem Wasser nehmen, trocknen, 1 Minute abkühlen lassen. Dann durch die Eimasse ziehen, in der Hafer-Käsemasse wälzen, fest andrücken. Im heißen Öl je 2 Minuten bei mittlerer Hitze von beiden Seiten braten, auf Küchenpapier entfetten.

4 Dip: Gurke und Apfel raspeln, mit Zitronensaft, Quark und den Kräutern verrühren, würzen.

OFEN-POTATOES und Krakauer

Fertig in nur 15 Minuten
plus Backzeit

Zutaten für 2 Portionen

› 2 große Kartoffeln
› ½ TL Thymian
› 2 Krakauer Schinkenwürste
› 1 rote Zwiebel
› 1 grüne Paprika
› 100 g Dickmilch 3,5 % Fett
› 250 g Magerquark
› 2 TL mittelscharfer Senf
› 2 TL Tiefkühl-Schnittlauch
› Salz, schwarzer Pfeffer, Paprika edelsüß

Nährwerte pro Portion

Kalorien (kcal): 520 | Proteine (g): 38 |
Kohlenhydrate (g): 25 | Fette (g): 30

Zubereitung

1 Kartoffeln kalt abwaschen und trocknen, dann mit dem Thymian in Alufolie wickeln. Auf der mittleren Schiene bei 100 Grad Umluft etwa 1 Stunde backen.

2 Wurst klein schneiden. Zwiebel schälen. Paprika vierteln, entkernen und mit der Zwiebel fein würfeln. Dickmilch und Quark glatt rühren. Senf, Schnittlauch und Schinkenwürste unterrühren, dann mit den Gewürzen abschmecken.

3 Kartoffeln aus dem Ofen nehmen, aus der Folie wickeln, Schale aufschneiden und zur Seite abziehen. Den Kräuter-Krakauer-Dip über die Kartoffel geben.

 **Kartoffeln richtig zubereiten:** Pommes und Bratkartoffeln liefern viel Fett (ca. 5 g Fett/100 g), Salz- und Pellkartoffeln sind hingegen fast fettfrei (< 0,1 g Fett).

Fertig in nur
15 Minuten

Marathonläufer und Triathleten verlieren bei Langzeitbelastung über den Schweiß viel Natrium. Parmesan gleicht das aus.

Fertig in nur
15 Minuten

Nährwerte pro Portion
Kalorien (kcal): 420
Proteine (g): 42
Kohlenhydrate (g): 12
Fette (g): 23

KROSSE LACHSWÜRFEL
auf Kohlrabi-Rahmgemüse {Reich an Mineralstoffen}

Zutaten für 2 Portionen

› 2 frische oder tiefgefrorene Lachsfilets
› Saft von ½ Zitrone
› 2 große Kohlrabi
› 2 große Möhren
› 1 kleine Zwiebel
› 1 EL Olivenöl
› 2 TL Butter
› 125 ml heißes Wasser
› 2 TL Gemüsebrühe (Pulver)
› 4 EL fettarmer Frischkäse < 20 % Fett
› 2 TL Tiefkühl-Petersilie
› Salz, schwarzer Pfeffer, Muskat, Majoran

Zubereitung

1 Lachs mit Zitronensaft beträufeln. Kohlrabi, Möhren und Zwiebel schälen und klein würfeln.

2 Fisch im heißen Öl etwa 4 Minuten von beiden Seiten bei mittlerer Hitze braten. Aus der Pfanne nehmen, darin die Butter bei mittlerer Hitze zum Schmelzen bringen, die Gemüsewürfel etwa 2 Minuten braten. Mit Pfeffer, Muskat und Majoran würzen, ab und zu rühren. Wasser und Brühe hinzugeben, verrühren und weitere 4 Minuten kochen lassen. Frischkäse und Petersilie unterrühren.

3 Lachs in grobe Würfel schneiden, salzen, aufs Gemüse legen. Bei geschlossenem Deckel noch ½ Minute kochen.

Frischkäse, Lachs und Kohlrabi liefern Mineralien wie Natrium, Kalium, Magnesium und Calcium, die Sportler über den Schweiß verlieren. Ein Mangel führt oft zu Kopfschmerzen, Krämpfen und Müdigkeit.

THUNFISCHSTEAKS mit Paprika-Mais-Gemüse und Sesamreis

Fertig in nur 15 Minuten

Zutaten für 2 Portionen

› 70 g Basmati-Reis
› 2 frische oder tiefgefrorene Thunfischsteaks (à 125 g)
› 2 EL Rapsöl
› 1 kleine Dose Mais (140 g)
› 1 mittelgroße Zwiebel
› 2 grüne Paprika
› 4 EL fettarmer Frischkäse < 20 % Fett
› 1 TL Gemüsebrühe (Pulver)
› 125 ml heißes Wasser
› 2 EL Sesamsamen, 1 TL Curry
› Salz, schwarzer Pfeffer, Knoblauchgewürz, Paprika rosenscharf

Nährwerte pro Portion
Kalorien (kcal): 570 | Proteine (g): 32 | Kohlenhydrate (g): 43 | Fette (g): 30

Zubereitung

1 Reis je nach Sorte bissfest kochen, mit Sesamsamen und Curry verrühren.

2 Thunfisch kalt abspülen, trocknen und in 1 EL Öl 2 Minuten rundherum bei mittlerer Hitze braten. Pfanne vom Herd nehmen, mit geschlossenem Deckel ziehen lassen.

3 Mais abtropfen. Zwiebel schälen, Paprika halbieren, entkernen und in Streifen schneiden. Rest Öl in einem Topf erhitzen, das Gemüse (bis auf den Mais) 3 Minuten bei größerer Hitze braten. Mais, Frischkäse und Brühe einrühren. Mit Wasser auffüllen, würzen, weitere 2 Minuten bei mittlerer Hitze kochen. Mit Reis servieren.

Der Kauf eines Dämpfers lohnt, denn Sie können darin Fisch oder Fleisch garen und sparen so 1 bis 2 EL Öl oder Fett ein – pro Esslöffel sind das 130 kcal weniger!

LOW-CARB-NUDELSUPPE
mit feinen Eierflocken

Eiweiß-Bombe!

Zutaten für 2 Portionen

› 150 g Protein-Dinkel-Nudeln
› 2 große Möhren
› ½ Stange Porree
› 1 EL Butter
› 1000 ml heißes Wasser
› 4 TL Gemüsebrühe (Pulver)
› 2 Eier (Größe M)
› Salz, schwarzer Pfeffer, Muskat

Nährwerte pro Portion
Kalorien (kcal): 470
Proteine (g): 23
Kohlenhydrate (g): 55
Fette (g): 18

Zubereitung

1 Nudeln in kochendes Wasser geben und etwa 7–10 Minuten bei mittlerer Hitze bissfest kochen. Möhren schälen und in dünne Streifen schneiden. Porree längs halbieren, abspülen und eine Hälfte in feine Streifen schneiden.

2 Butter erhitzen, Möhren 1 Minute bei mittlerer Hitze braten. Porree mit heißem Wasser und Brühe hinzugeben, 2 Minuten bei geschlossenem Deckel gar kochen.

3 Eier in einer Schüssel verquirlen und unter ständigem Rühren in die kochende Gemüsebrühe geben, eine ½ Minute kochen. Nudeln in einem Sieb abgießen, dann unter die Brühe heben, servieren.

Statt Nudeln können Sie auch besonders eiweißreiches Getreide wie Amaranth oder Quinoa unterheben. Noch mehr Proteine hat ein **Carb-Control-Riegel von Body Attack** als Dessert. Der liefert fast so viel Protein wie zwei große Steaks.

Ausdauer-Power

VEGETARISCHE BOLOGNESE mit Schafskäsebröseln

Fertig in nur 15 Minuten

Zutaten für 2 Portionen

› 1 mittelgroße Zucchini
› 2 große Möhren
› 2 große Fleischtomaten
› 1 Knoblauchzehe
› 1 rote Zwiebel
› 100 g Schafskäse
› 2 EL Olivenöl
› 1 TL Paprika edelsüß
› 1 TL Oregano
› ½ TL Thymian
› 300 ml passierte Tomaten
› 100 g gekochte Spaghetti
› Salz, schwarzer Pfeffer

Nährwerte pro Portion
Kalorien (kcal): 470 | Proteine (g): 22 | Kohlenhydrate (g): 50 | Fette (g): 20

Zubereitung

1 Gemüse waschen, die Wurzel- und Stielansätze entfernen. Knoblauch und Zwiebel schälen. Dann mit der Zucchini und den Möhren in feine Würfel schneiden. Die Fleischtomaten halbieren, die Kerne entfernen und das Fruchtfleisch klein würfeln. Den Schafskäse zerbröseln.

2 Öl in einer Pfanne erhitzen, das Gemüse etwa 3 Minuten bei größerer Hitze braten, ab und zu rühren. Paprikapulver, Oregano und Thymian übers Gemüse streuen, 1 weitere Minute braten. Passierte Tomaten hinzugeben, etwa 4 Minuten weiterkochen. Mit Salz und Pfeffer würzen.

3 Gekochte Spaghetti schneckenförmig eindrehen, die Bolognese mit den Schafskäsebröseln darübergeben.

Fertig in nur
15 Minuten

Fertig in nur
15 Minuten

MARINIERTE GARNELENSPIESSE

zu Paprika-Dill-Soße

{Pusht die Sexualhormone}

Zutaten für 2 Portionen

› 4 gewürzte Tiefkühl-Garnelenspieße (à 80 g)
› 100 g Low-Carb-Nudeln
› 3 bunte Paprika
› 1 Knoblauchzehe
› 2 EL Olivenöl
› 300 ml passierte Tomaten
› 1 TL Gemüsebrühe (Pulver)
› 4 TL Tiefkühl-Dill
› 100 g fettarmer Frischkäse < 20 % Fett
› Saft von ½ Zitrone
› Salz, schwarzer Pfeffer

Eiweiß-Bombe!

Zubereitung

1 Die Garnelenspieße einige Stunden zuvor oder in der Mikrowelle auftauen. Nudeln laut Packungsanweisung kochen und in einem Sieb abtropfen.

2 Paprika waschen, vierteln, entkernen und würfeln. Knoblauch schälen, fein würfeln, mit etwas Salz auf einem Schneidebrett zerreiben.

3 Öl in einer Pfanne erhitzen und die Garnelen von jeder Seite bei großer Hitze knapp 2 Minuten braten, dann aus der Pfanne nehmen. Paprika und Knoblauch in derselben Pfanne etwa 3 Minuten braten, dabei gelegentlich rühren. Die passierten Tomaten mit der Brühe hinzugeben und weitere 2 Minuten kochen.

4 Dill, Frischkäse und Zitronensaft unterrühren. Mit den Gewürzen abschmecken. Die Garnelenspieße zum Erwärmen etwa 1 Minute aufs kochende Gemüse legen.

5 Die gekochten Nudeln mit der Paprika-Dill-Soße anrichten, die Garnelenspieße darauflegen.

Einer der wichtigsten Mineralstoffe für den Muskelaufbau ist Zink. Es sorgt für einen ausgeglichenen Testosteronspiegel, der wiederum eine Bedingung dafür ist, dass Nahrungsproteine zu Muskeln werden. Am besten regelmäßig Garnelen, Kürbiskerne, Emmentaler, Haferflocken und Erdnüsse essen.

Nährwerte pro Portion

Kalorien (kcal): 565
Proteine (g): 70
Kohlenhydrate (g): 24
Fette (g): 21

ZUCCHINI-CHAMPIGNON-RAGOUT
mit knusprigen Hähnchenstreifen

Zutaten für 2 Portionen
› 2 Hähnchenbrustfilets (à 125 g)
› 250 g weiße Champignons
› 1 mittelgroße Zucchini
› 1 große Zwiebel
› 2 EL Olivenöl
› 4 EL fettarmer Frischkäse < 20 % Fett
› 125 ml heißes Wasser
› 2 TL Gemüsebrühe (Pulver)
› 2 TL Tiefkühl-Petersilie
› Saft einer ½ kleinen Zitrone
› Salz, schwarzer oder bunter Pfeffer, Koriander

Nährwerte pro Portion
Kalorien (kcal): 420
Proteine (g): 39
Kohlenhydrate (g): 7
Fette (g): 26

Zubereitung

1 Hähnchenbrustfilets in feine Streifen schneiden und würzen. Die Pilze mit einem feuchten Küchentuch säubern und in kleine Stücke schneiden. Zucchini waschen, vierteln, in dünne Scheiben schneiden. Zwiebel schälen, klein würfeln.

2 1 EL Öl in der Pfanne erhitzen und das Fleisch etwa 3 Minuten bei starker Hitze von allen Seiten braten, auf einen Teller legen. Das restliche Öl in derselben Pfanne erhitzen, Gemüse und Zwiebeln etwa 4 Minuten bei mittlerer Hitze braten, dabei gelegentlich rühren.

3 Frischkäse, Wasser und Brühe unterrühren. Hähnchen hinzugeben, verrühren, noch 2 Minuten kochen. Mit Kräutern, Zitronensaft und Gewürzen abschmecken, mit Vollkornreis oder -nudeln servieren.

HÄHNCHENLEBER auf Pastinaken-Kräuterzwiebeln

Fertig in nur 15 Minuten

Zutaten für 2 Portionen
› 250 g frische Hähnchenleber
› 2 EL Butter (20 g)
› 6 Pastinaken oder 1 mittelgroße Steckrübe
› 2 mittelgroße Zwiebeln
› 4 EL fettarmer Frischkäse < 20 % Fett
› 2 EL Tiefkühl-8-Kräutermischung
› Salz, weißer Pfeffer, Masala, Paprika rosenscharf

Zubereitung

1 Hähnchenleber kurz unter fließendem Wasser abspülen, trocken tupfen, in Happen schneiden. 1 EL Butter bei geringer bis mittlerer Hitze zum Schmelzen bringen, Fleisch ungewürzt etwa 5 Minuten von allen Seiten gleichmäßig braten.

2 Pastinaken waschen, die Enden entfernen. Zwiebeln schälen, mit den Pastinaken in feine Scheiben schneiden. Leber aus der Pfanne nehmen, salzen und pfeffern.

3 In derselben Pfanne restliche Butter zum Schmelzen bringen, Pastinaken und Zwiebeln etwa 3 Minuten mit geschlos-senem Deckel bei mittlerer Hitze dünsten. Mit Salz, Masala, Paprika würzen, gelegentlich rühren. Frischkäse hinzugeben, Hähnchenleber auf das Pastinaken-Zwiebel-Gemüse legen, 1 weitere Minute mit geschlossenem Deckel dünsten. Vor dem Servieren die Kräuter unterheben.

Nährwerte pro Portion
Kalorien (kcal): 380 | Proteine (g): 34 | Kohlenhydrate (g): 16 | Fette (g): 20

 Pastinaken enthalten den Ballaststoff Inulin, den man auch in Schlankheitsmitteln findet. Er verzögert die Verdauung der Kohlenhydrate. Ergebnis: Heißhungerattacken bleiben aus.

Fertig in nur
15 Minuten

 Hähnchenbrust, Käse und Nüsse sind reich an Tryptophan und Glutaminsäure. Die sorgen für gute Laune und guten Schlaf.

SCHWEINE-RÖLLCHEN
nach Schwarzwälder Art

Zutaten für 2 Portionen

› 125 g Rucola
› 4 Schweine-Minutensteaks (à 75 g)
› 4 dünne Scheiben Schwarzwälder Schinken (à 10 g)
› 4 kleine Scheiben Emmentaler (à 15 g)
› 100 ml Olivenöl
› 4 mittelgroße Tomaten
› 2 rote Schalottenzwiebeln
› 4 EL dunkler Balsamico-Essig
› Salz, schwarzer Pfeffer, Paprika edelsüß

Nährwerte pro Portion
Kalorien (kcal): 510
Proteine (g): 51
Kohlenhydrate (g): 16
Fette (g): 27

Zubereitung

1 Rucola waschen und ein paar Minuten in kaltem Wasser liegen lassen. Minutensteaks von beiden Seiten mit Pfeffer und Paprika würzen. Den Schinken in der Mitte umklappen und auf die Steaks legen. Die Käsescheiben halbieren und darüberlegen. Die Steaks nun fest aufrollen und mit Zahnstochern fixieren.

2 Öl in der Pfanne erhitzen und die Röllchen 2 Minuten rundherum bei größerer Hitze braten. Danach vom Herd nehmen und mit geschlossenem Deckel bei geringer Hitze noch 4 Minuten ziehen lassen. Dann auf Küchenpapier entfetten.

3 Für den Rucola-Tomaten-Salat die Tomaten waschen, Stielansätze entfernen und Fruchtfleisch grob würfeln. Schalotten schälen, halbieren und in dünne Scheiben schneiden. Den Rucola auf Küchenpapier trocknen und klein rupfen. Die Tomaten mit dem Rucola und den Schalotten mischen. Mit Balsamico-Essig, Pfeffer und Salz würzen.

Tipp
Prima fürs Ins-Büro-Tuppern geeignet.

Gut zu wissen
Wer auf Fleisch gerne eine ordentliche Portion Pfeffer mag, tut sich sogar etwas Gutes: Im Pfeffer steckt nämlich der Scharfstoff Piperin, der wie Chili die Verdauungs- und Stoffwechsel-Aktivitäten in Schwung bringt. In der ayurvedischen Ernährung spricht man dem Pfeffer außerdem vitalisierende und sogar aphrodisierende Eigenschaften zu.

Gerade Schweinefleisch bringt hochwertige Proteine für den Muskelaufbau mit – und ist ein guter Lieferant von B-Vitaminen, wie z. B. Vitamin B1 (1 mg/100 g). Das ist wichtig fürs Köpfchen, denn es hält den Zuckerstoffwechsel in Gang, damit unsere Gehirnzellen stetig mit Energie (Glukose) versorgt werden. Das wiederum fördert unsere mentale Leistungsfähigkeit im Alltag und beim Sport.

Fertig in nur 15 Minuten

BROKKOLI-AUFLAUF *Italian Style*

Fertig in nur 12 Minuten
plus 20 Minuten Backzeit

Zutaten für 2 Portionen
› 2 Köpfe Brokkoli
› 4 mittelgroße Tomaten
› 1 Handvoll frische Basilikumblätter
› 300 ml Ketchup light
› 1 TL Oregano
› 150 g geriebener Mozzarella 8,5 % Fett
› 2 Eier (Größe M)
› 1 TL Butter für die Auflaufform
› Salz, schwarzer Pfeffer, Muskat

Nährwerte pro Portion
Kalorien (kcal): 380 | Proteine (g): 29 | Kohlenhydrate (g): 31 | Fette (g): 16

Zubereitung

1 Backofen auf 180 Grad vorheizen. Die Brokkoliröschen in kochendes Wasser geben, Muskat und Salz zugeben, 1 Minute bei größerer Hitze kochen.

2 Tomaten waschen, würfeln. Basilikum klein hacken. Beides mit Ketchup und Oregano verrühren, pfeffern und salzen. Mozzarella und Eier zugeben, glatt rühren.

3 Brokkoli in der ausgefetteten Auflaufform verteilen, Tomatensud mit der Käse-Eiermasse darüber verteilen. Auf mittlerer Schiene im Ofen 20 Minuten backen.

Mozzarella aus Kuhmilch liefert auf 100 g rund 20 g Protein. Wer Muskeln aufbauen möchte, sollte in jeder Mahlzeit eiweißreiche Nahrungsmittel einbauen.

GEMÜSE-FRIKASSEE *mit gerösteten Erdnüssen*

Fertig in nur 15 Minuten

Zutaten für 2 Portionen
› 1 Aubergine
› ½ Kürbis (z. B. 300 g Butternut)
› 1 Zwiebel
› 1 mittelgroße Zucchini
› 2 EL Olivenöl
› ½ Zitrone
› 100 g fettarmer Frischkäse < 20 % Fett
› 150 ml heißes Wasser
› 2 TL Gemüsebrühe (Pulver)
› 40 g Erdnüsse
› 2 TL Tiefkühl-Petersilie, Salz, schwarzer Pfeffer, Masala, Kreuzkümmel

Nährwerte pro Portion
Kalorien (kcal): 400 | Proteine (g): 15 | Kohlenhydrate (g): 17 | Fette (g): 30

Zubereitung

1 Aubergine waschen, würfeln, kräftig salzen, 5 Minuten ziehen lassen. Das reduziert die leicht bittere Note und verhindert ein starkes Aufsaugen des Bratfetts.

2 Kürbis halbieren, entkernen, schälen und würfeln. Zwiebel schälen. Zucchini waschen, Enden entfernen, mit der Zwiebel fein würfeln. Aubergine trocken tupfen.

3 Öl in einer Pfanne erhitzen, Aubergine und Kürbis bei größerer Hitze etwa 2 Minuten braten. Zucchini und Zwiebel hinzufügen, weitere 2 Minuten braten. Mit Pfeffer, Masala und Kreuzkümmel würzen. Frischkäse, Wasser und Brühe hinzugeben, etwa 5 Minuten mit geschlossenem Deckel bei mittlerer Hitze kochen.

4 Erdnüsse in einer Pfanne ohne Fett rösten, das Frikassee damit und mit der Petersilie bestreuen.

Tipp
Veganer nehmen statt Frischkäse Kokosmilch, Hafer- oder Reisdrink für die Soße.

Gemüse ist ein toller Schlank-Helfer, füllt den Magen und macht schnell und kalorienarm satt. Der Haken: Viele haben ein Problem damit, das „Grünzeug" schmackhaft zu machen. Am besten verschiedene Gewürze und viele frische Kräuter ausprobieren.

TOMATEN-SCHAUMSÜPPCHEN
mit schwimmendem Feta

Zutaten für 2 Portionen
› 4 große Tomaten
› 1 Knoblauchzehe
› 2 TL Butter
› 50 g magere Schinkenwürfel
› 500 ml passierte Tomaten
› 2 TL Gemüsebrühe (Pulver)
› 60 g fettarmer Frischkäse < 20 % Fett
› 100 g Fetakäse
› 2 Scheiben Low-Carb-Brot (à 45 g)
› Salz, schwarzer Pfeffer, Thymian, Oregano

Nährwerte pro Portion
Kalorien (kcal): 430
Proteine (g): 30
Kohlenhydrate (g): 27
Fette (g): 22

Zubereitung

1 Tomaten halbieren, würfeln. Knoblauch schälen, würfeln. In der geschmolzenen Butter bei mittlerer Hitze etwa 3 Minuten braten. Schinken zugeben, ½ Minute mitdünsten. Passierte Tomaten und Brühe unterrühren, würzen. 1 Minute garen.

2 Die Suppe vom Herd nehmen, Frischkäse hinzugeben und mit einem Pürierstab aufschäumen. Den gewürfelten Fetakäse drüberstreuen und servieren.

Ob warm oder kalt, Suppen unterstützen die erhöhte Flüssigkeits- und Mineralstoffzufuhr. Wichtig: Eiweiß zugeben, denn Ausdauer- und Kraftsportler haben einen erhöhten Bedarf.

KNACKIGES GEMÜSE
in karamellisierter Bar-B-Q-Cashew-Soße

Fertig in nur 15 Minuten

Zutaten für 2 Portionen
› 2 große Möhren
› 3 große Kohlrabi
› 4 Stangen Staudensellerie
› 2 TL Butter
› 80 g Cashewkerne
› 2 TL Honig
› 150 ml Wasser
› 1 ½ TL Gemüsebrühe (Pulver)
› 6 EL Barbecue-Soße
› Salz, schwarzer Pfeffer, Koriander

Nährwerte pro Portion
Kalorien (kcal): 430 | Proteine (g): 15 | Kohlenhydrate (g): 45 | Fette (g): 21

Zubereitung

1 Möhren und Kohlrabi schälen, in Stückchen schneiden. Sellerie waschen, würfeln. Cashewkerne hacken. Butter bei mittlerer Hitze im Topf schmelzen, das Gemüse etwa 2 Minuten braten. Mit geschlossenem Deckel weitere 2 Minuten garen.

2 Cashewkerne in einer Pfanne ohne Fett etwa 1 Minute rösten. Honig dazugeben und etwa 1 Minute karamellisieren. Mit Wasser, Brühe und Barbecue-Soße auffüllen, verrühren, unters kochende Gemüse geben. Mit Gewürzen abschmecken.

In der veganen Ernährung gehören Hülsenfrüchte, Kürbiskerne, Nüsse, Lein- und Chiasamen zu den besten Proteinlieferanten. Allerdings werden Aminosäuren aus Pflanzenproteinen wegen der natürlichen Hemmstoffe (z. B. Ballaststoffe) schlechter aufgespalten.

Fertig in nur
12 **Minuten**

ÜBERBACKENE PUTENSTEAKS
mit gebratener Zucchini

Zutaten für 2 Portionen

› 4 kleine Putensteaks (à 80 g)
› 2 EL Olivenöl
› 1 mittelgroße Zucchini
› 8 Kirschtomaten, 1 Zwiebel
› 50 g fettarmer Frischkäse < 20 % Fett
› 100 g geriebener Mozzarella 8,5 % Fett
› 6 EL dunkler Balsamico-Essig
› Salz, schwarzer Pfeffer, Thymian, Kreuzkümmel

Zubereitung

1 Backofen auf 180 Grad Celsius vorheizen. 1 EL Öl in der Pfanne erhitzen und die Putensteaks von jeder Seite je 1 Minute bei großer Hitze braten. Putensteaks auf ein Backblech legen, salzen und pfeffern.

2 Zucchini und Tomaten waschen, die Zwiebel schälen. Zucchini und Zwiebel klein würfeln, Kirschtomaten halbieren.

3 Restliches Öl in der Puten-Pfanne erhitzen und das Gemüse etwa 2 Minuten bei größerer Hitze braten. Mit Pfeffer, Thymian und Kreuzkümmel würzen, von der Kochplatte nehmen und den Frischkäse unterrühren.

4 Das Gemüse gleichmäßig über den Steaks verteilen, den geriebenen Mozzarella darübergeben und im Ofen etwa 15 Minuten überbacken. Danach anrichten und mit Balsamico-Essig beträufeln.

Tipp

Wie wäre es mit einem Auflauf als Fleisch-Alternative? 6 geschlagene Eier und 100 g Low-Carb-Nudeln zum Gemüse geben, dann 20 Minuten als Nudel-Auflauf im Ofen backen.

 **Bei Langzeitbelastung werden außer Kohlenhydraten auch Proteine verbrannt.** Deshalb während der Wettkampfphasen proteinreich ernähren, z. B. mit Milchprodukten, Geflügelfleisch, Thunfisch und Haferflocken.

Fertig in nur 15 Minuten
plus Backzeit

Nährwerte pro Portion
Kalorien (kcal): 480
Proteine (g): 53
Kohlenhydrate (g): 25
Fette (g): 19

Appetit-zügler

CHICORÉE-FRITTATA mit Beef

Fertig in nur 17 Minuten

Zutaten für 2 Portionen
- › 200 g mageres Rinderhackfleisch
- › 1 EL Olivenöl
- › 3 mittelgroße Stauden Chicorée
- › 4 mittelgroße Tomaten
- › 1 kleine Zwiebel
- › 2 EL Tomatenmark
- › 50 g saure Sahne
- › 2 Eier (Größe M)
- › Salz, schwarzer Pfeffer

Nährwerte pro Portion
**Kalorien (kcal): 450 | Proteine (g): 33 |
Kohlenhydrate (g): 12 | Fette (g): 30**

Zubereitung

1 Öl in einer Pfanne erhitzen, das Hack etwa 3 Minuten bei größerer Hitze braten, dabei gelegentlich rühren. Tomatenmark hinzugeben, 1 weitere Minute braten.

2 Beim Chicorée den Strunk entfernen, halbieren und in 1 cm dicke Streifen schneiden. Abspülen, abtropfen und zum Hack geben, 2 Minuten braten, dabei rühren.

3 Tomaten waschen, grob würfeln. Zwiebel schälen, würfeln. Beides zum Chicorée-Hack geben, weitere 2 Minuten braten.

4 Saure Sahne und Eier verrühren, kräftig würzen und übers Chicorée-Hackfleisch gießen. Mit geschlossenem Deckel 4 Minuten bei mittlerer Hitze stocken.

Falls Sie beim Abnehmen oft müde sind, kann es an einem Folsäuremangel liegen. Frischer Chicorée liefert jede Menge davon (100 mg/100 g).

ZUCCHINI-SESAM-CREME
auf frischem Roggenbrot   {Für Kraft und Ausdauer}

Fertig in nur 12 Minuten

Zutaten für 2 Portionen
- › 2 kleine Zucchini
- › 1 rote Zwiebel
- › 1 TL Rapsöl
- › 2 EL Sesamsamen
- › 60 g Schafskäse
- › 50 g fettarmer Frischkäse < 20 % Fett
- › 4 Scheiben Roggenbrot (à 45 g)
- › Salz, Pfeffer, Koriander, Thymian

Nährwerte pro Portion
**Kalorien (kcal): 420 | Proteine (g): 18 |
Kohlenhydrate (g): 44 | Fette (g): 19**

Zubereitung

1 Zucchini waschen, trocknen und in Stücke schneiden. Zwiebel schälen und klein würfeln. Öl in einem Topf erhitzen. Zucchini, Zwiebeln und Sesamsamen etwa 1 Minute bei hoher Hitze braten. Alles kräftig würzen, mit geschlossenem Deckel bei mittlerer Hitze etwa 3 Minuten dünsten. Dann mit einem Pürierstab zerkleinern.

2 Schafskäse mit einer Gabel zerdrücken, mit dem Frischkäse glatt rühren. Zucchinimus mit der Schafskäsecreme verrühren. Den Aufstrich 30 Minuten kühlen, danach aufs Roggenbrot streichen.

Gut zu wissen

Eiweißbrot ist der Hit auf dem Schlankheitsmarkt, aber Vorsicht: Es hat oft mehr Kalorien als normales Vollkornbrot. Wer täglich mehr als 100 g Brot isst, sollte darauf achten, dass es auf 100 g maximal 240 kcal enthält.

Zucchini und Sesam sind gute Mineralstofflieferanten für Kalium, Magnesium, Eisen und Kupfer. Sowohl Kraft- als auch Ausdauersportler haben eine hohe Stoffwechselbelastung – und das erhöht den Bedarf an den vier Mineralien.

{Viel Ausdauer-Protein}

WARME HEFEKLÖSSE
mit Vanillesoße und Sauerkirschen

Zutaten für 2 Portionen

› 2 fertige Hefeklöße (frisch oder tiefgekühlt, à 100 g)
› 250 g Sauerkirschen (tiefgekühlt oder aus dem Glas)
› Zimt

Für die Vanillesoße

› 400 ml fettarme Milch
› 4 EL Proteinpulver Vanille (40 g)

Zubereitung

1 Für die Soße die Milch in einen Topf gießen und das Proteinpulver mit einem Schneebesen unterrühren. Bei mittlerer Hitze unter Rühren erwärmen.

2 Hefeklöße aus der Verpackung nehmen, auf einen Teller legen und mit feuchtem Küchenpapier abdecken. Die Kirschen in eine kleine Schale füllen, mit etwas Zimt bestreuen. Mit den Hefeklößen in die Mikrowelle stellen. Bei 600 Watt etwa 2 Minuten erwärmen. Die heißen Hefeklöße auf Teller geben, mit der warmen Vanillesoße übergießen und mit den Kirschen servieren.

Tipp

Wer es lieber frisch mag, der putzt frisches Obst, schneidet es klein und gibt es anschließend über die Vanillesoße. Im Sommer schmecken Früchte eisgekühlt sehr lecker und erfrischend zu den warmen Hefeklößen.

Eine ideale Süßspeise für Sportler, wenn sie nach intensivem Training ihre Energiespeicher auffüllen möchten. Die leicht verdaulichen Kohlenhydrate (z. B. Weizenmehl, Zucker) in den Hefeklößen gelangen schnell in die Blutbahn und geben den Muskeln sofort Energie. Damit wird der Muskelkatabolismus (Abbauprozess) sofort gestoppt. In Verbindung mit dem Proteinpulver kann der Körper nun schneller mit dem Aufbauprozess starten.

Für Naschkatzen: Verfeinern Sie Vanillesoße und Sauerkirschen mit „Walden Farms Schoko-Sauce" bzw „Walden Farms Erdbeer-Sauce" – die Kalorien schnellen nicht in die Höhe.

Nährwerte pro Portion
Kalorien (kcal): 510
Proteine (g): 35
Kohlenhydrate (g): 78
Fette (g): 6

PROTEIN-KAISERSCHMARREN
auf Fruchtschaum

Zutaten für 2 Portionen

› 1 Ei (Größe M)
› 100 ml fettarme Milch
› 3 EL Proteinpulver Vanille (30 g)
› 60 g Weizenmehl Type 1050
› 6 TL Rapsöl

Für den Fruchtschaum

› 200 g Tiefkühl-Sauerkirschen
› 2 Eiweiß
› 150 g Dickmilch 3,5 % Fett
› 2 EL Proteinpulver Vanille (20 g)

Zubereitung

1 Das Ei mit Milch, Proteinpulver und Mehl glatt rühren. Öl in der Pfanne erhitzen und die Eimasse bei mittlerer Hitze zum Stocken bringen, dann in dünne Streifen auseinanderzupfen. Auf Küchenpapier entfetten.

2 Für den Fruchtschaum das Eiweiß steif schlagen. Dickmilch und Proteinpulver gut miteinander verrühren, Eiweiß und die aufgetauten Kirschen unterheben. Schaum auf Teller füllen und den Kaiserschmarren darüberstreuen.

Für einen Sixpack ist Low-Carb-Ernährung angesagt. Das bedeutet aber nicht, dass man grundsätzlich auf Kohlenhydrate verzichten muss. Auch Weizenvollkornmehl, Haferflocken, Vollkornbrot und Kartoffeln sind in moderaten Mengen (bis zu 150 g am Tag) erlaubt.

Nährwerte pro Portion

Kalorien (kcal): 480
Proteine (g): 38
Kohlenhydrate (g): 38
Fette (g): 20

**Fertig in nur
12 Minuten**

Alle Rezepte auch als Dessert geeignet

Rezept auf Seite 113

SNACKS

Er überrascht uns oft –
der kleine Hunger
zwischendurch. Und wie
werden wir ihn wieder los?
Durch Naschen natürlich!

GEFÜLLTER BRATAPFEL
mit köstlicher Erdnusscreme

Zutaten für 2 Portionen

› 2 mittelgroße Äpfel
› 150 g Magerquark
› 1 Eiweiß
› 30 g Erdnüsse

Zubereitung

1 Die Äpfel waschen, trocknen, halbieren und das Fruchtfleisch in der Mitte mit einem Teelöffel bis ½ Zentimeter vor der Schale vorsichtig herauskratzen. Die

{Schmeckt nicht nur unterm Weihnachtsbaum}

Kerne entfernen und das gelöste Fruchtfleisch sehr klein schneiden.

2 Den Magerquark und das Eiweiß glatt rühren. Apfelstückchen mit den Erdnüssen unterrühren.

3 Die Erdnussmasse in die ausgehöhlten Apfelhälften streichen und im Backofen auf der mittleren Schiene bei Umluft etwa 20 Minuten fertig backen.

Tipp

Schneiden Sie am Stiel- und Blütenansatz eine hauchdünne Scheibe ab, damit die Äpfel fest und waagerecht stehen.

Sie gehören zu den Menschen, denen bei dem Duft von kandierten Nüssen, gebackenen Waffeln und Bratäpfeln das Wasser im Mund zusammenläuft? Dann aufgepasst: Viele Naschkatzen unterschätzen den Kaloriengehalt der Portionen, der meist einer großen Pizza oder einem doppelgewoppten Burger entspricht. Mit diesen **Bratäpfeln sind Sie auf der sicheren Seite. Deren proteinbetonte Füllung macht, wie Sie inzwischen wissen, schnell satt und sorgt somit aufs Leckerste für eine bessere Figur.**

Nährwerte pro Portion
Kalorien (kcal): 230
Proteine (g): 17
Kohlenhydrate (g): 18
Fette (g): 10

JOHANNISBEER-DESSERT
mit gesplitterter Schokolade

Zutaten für 2 Portionen

› 600 ml fettarme Milch
› 4 EL Casein-Proteinpulver Vanille (40 g)
› 250 g frische Johannisbeeren
› 20 g Schoko-Splitter

Nährwerte pro Portion

Kalorien (kcal): 288
Proteine (g): 29
Kohlenhydrate (g): 25
Fette (g): 8

Tipp

Wer mag, der kann die Creme auch für 1 Stunde im Tiefkühlfach frosten und als proteinreiches Eisdessert servieren.

Fertig in nur 8 Minuten

Gut zu wissen

Kuhmilch setzt sich zu 80 Prozent aus Casein und Molke zusammen. Casein wird zu Speisequark, Käse oder Proteinpulver verarbeitet. Letzteres ist prima für Süßspeisen, denn es liefert kaum Fette und Kohlenhydrate. Dafür hat es superviel Eiweiß (> 85 g/100 g) – der Sattmacher schlechthin.

Zubereitung

1   Milch und Caseinpulver in den Shaker geben und etwa ½ Minute schütteln. Die dickflüssige Masse in eine kleine Schale füllen.

2   Johannisbeeren vom grünen Stielansatz zupfen, waschen und in einem Sieb abtropfen. Beeren mit den Schoko-Splittern unter die Creme heben.

Fertig in nur 5 Minuten

plus Kühlzeit

HIMBEER-JOGHURT-SORBET

mit Knusperflocken

Zutaten für 2 Portionen

› 50 g Haferflocken
› 1 TL Honig
› 300 g fettarmer Joghurt mild
› 50 g saure Sahne
› 200 g Tiefkühl-Himbeeren

Nährwerte pro Portion

Kalorien (kcal): 240
Proteine (g): 10
Kohlenhydrate (g): 35
Fette (g): 7

Zubereitung

1 Haferflocken in einer Pfanne ohne Fett ½ Minute bei größerer Hitze rösten. Dann den Honig über die Haferflocken geben, zum Schmelzen bringen und beides verrühren. Die Flocken vom Herd nehmen und abkühlen lassen.

2 Für das Sorbet Joghurt, saure Sahne und Himbeeren verrühren und mit dem Pürierstab zerkleinern. Die Knusperflocken übers Himbeer-Joghurt-Eis streuen.

Tipp

Sie wollen das Sorbet mit frischen Früchten machen? Das Obst dann waschen, putzen und klein schneiden und im Tiefkühlfach frosten. Erst dann das gefrorene Obst mit den Milchprodukten pürieren.

Das Dessert ist eine superleckere Alternative zum herkömmlichen Fruchteis, weil es kaum Zucker enthält und den Blutzuckerspiegel nicht provoziert. Sind zu viele Einfachzucker im Fruchteis, steigt der nämlich an – und peng, wir haben doppelt so viel Süßhunger. Ein gemeiner Teufelskreis, dem Sie mit diesem Joghurt-Sorbet ein Schnippchen schlagen.

Wer mehr Protein für Muskelstraffung oder -aufbau benötigt, ersetzt den Joghurt durch Quark oder Ricotta. Die Haferflocken außerdem durch Sojaflocken ersetzen.

COOKIE-QUARK-EIS
mit Schokosoße

Zutaten für 2 Portionen

› 250 g Magerquark
› 50 ml Mineralwasser
› 1 Eiweiß
› 50 g saure Sahne
› 2 Cookies (à 20 g)
› 2 EL fertige Schokoladensoße

Zubereitung

1 Quark mit Mineralwasser und der sauren Sahne glatt rühren.

2 Eiweiß mit einem Handrührgerät steif schlagen. Die Cookies mit den Händen zerbröseln und mit dem Eischnee unter den Quarkmix rühren. Die Masse in Dessertschalen füllen und im Tiefkühlfach 3 Stunden gefrieren lassen.

3 Aus dem Tiefkühlfach nehmen, leicht antauen lassen, auf einen kleinen Dessertteller stürzen. Damit sich das Quarkeis besser vom Glas löst, stellen Sie die Schale kurz ins heiße Wasser. Die Schokoladensoße mit dem restlichen Wasser verrühren und halb übers Eis gießen.

Gut zu wissen

Milchprodukte helfen beim Abnehmen. Denn die liefern außer Protein auch den Mineralstoff Calcium – und der macht schlank. Durch ihn werden im Körper Hormone (Calcitriol und Parathormon) unterdrückt, die für die Fetteinlagerung verantwortlich sind.

Wer noch mehr Energie benötigt, kann das Eiweiß durch 200 ml geschlagene Sahne ersetzen. Schmeckt auch herrlich cremig!

Der Eissnack wird fettärmer, wenn die saure Sahne durch fettarmen Joghurt ersetzt wird und die Schokosoße durch 5 EL Honig.

Nährwerte pro Stück
Kalorien (kcal): 236
Proteine (g): 22
Kohlenhydrate (g): 19
Fette (g): 8

Fertig in nur
6 Minuten plus Kühlzeit

KIWI-BIRNEN-GRÜTZE

mit Hot-Chili-Schokodip

Zutaten für 2 Portionen

› 1 Packung gemahlene Gelatine (9 g)
› 50 ml Wasser
› 1 Birne
› 2 Kiwis
› 400 ml Birnensaft-Nektar
› 4 EL Schokoladensoße
› ½ TL Chili, Koriander, Nelkenpulver

Nährwerte pro Stück

Kalorien (kcal): 215
Proteine (g): 6
Kohlenhydrate (g): 43
Fette (g): 2

Zubereitung

1 Gelatine mit kaltem Wasser bedecken und etwa 5 Minuten quellen lassen.

2 Birnensaft-Nektar in den Topf geben und aufkochen.

3 Birne waschen, halbieren, entkernen und grob würfeln. Kiwis waschen, schälen, vierteln und in dünne Scheiben schneiden. Das Obst zum siedenden Birnensaft geben und etwa 1 Minute bei mittlerer Hitze mitkochen, dann würzen.

4 Das Obst vom Herd nehmen und die Gelatine unterrühren. Die Obstgrütze in Glasschälchen abfüllen und im Kühlschrank etwa 1 Stunde kalt stellen. Danach die Schokoladensoße mit dem Chilipulver verrühren und zur Grütze servieren.

Fertig in nur 10 Minuten
plus Kühlzeit

Im Chiligewürz steckt der Scharfstoff Capsaicin, der in größeren Mengen Hitzegefühl und Schwitzen auslöst. Beides ist mit Stoffwechselprozessen verbunden, die ordentlich Energie verfeuern, und dadurch verbrennt der Körper mehr Fett. Die Schärfe verringert außerdem den Appetit und bremst lästigen Heißhunger aus.

OBST-GRÜTZE
mit Mandel-Quarkcreme

Zutaten für 2 Portionen

› 2 Nektarinen
› 2 Kiwis
› 8 Erdbeeren
› 125 ml heißes Wasser
› 2–4 Tropfen Vanille-Aroma
› 1 TL Guarkernmehl
› 2 EL saure Sahne
› 1 EL Magerquark
› 1 TL Honig
› 2 EL Wasser
› 2 EL gehackte Mandeln
› Zimt, Nelkenpulver

Nährwerte pro Portion

Kalorien (kcal): 210
Proteine (g): 5
Kohlenhydrate (g): 33
Fette (g): 6

Zubereitung

1 Nektarinen waschen, halbieren, entkernen und klein würfeln. Die Kiwis waschen, schälen, halbieren und in dünne Scheiben schneiden. Die Erdbeeren waschen, grünen Stielansatz entfernen und in grobe Scheiben schneiden.

2 Das heiße Wasser in den Topf geben und zum Kochen bringen. Das Guarkernmehl und das Vanille-Aroma ins kochende Wasser einrühren, das Obst hinzugeben, etwa 1 Minute unter ständigem Rühren bei mittlerer Hitze kochen lassen.

3 Würzen und in Glasschälchen füllen und im Kühlschrank etwa 40 Minuten kalt stellen. Danach die Glasschälchen etwa 1 Minute ins heiße Wasser stellen, damit sich die Obst-Grütze besser vom Glas lösen lässt.

4 Für die Mandel-Quarkcreme die gehackten Mandeln in einer Pfanne ohne Fett etwa 1 Minute rösten. Saure Sahne, Magerquark, den Honig und das Wasser in einer Schüssel glatt rühren. Die Mandeln unterrühren, kurz vor dem Servieren zur gestürzten Obst-Grütze geben.

Tipp

My-Supps-Aroma („Flavouring System") ist vom Geschmack intensiver als das normale Vanille-Aroma und beinhaltet bereits Süßstoff – das spart den Honig. My-Supps-Aroma liefert zudem kaum Energie und Kohlenhydrate (z. B. Banana-Choco-Split: Eine Portion hat 0,5 g Kohlenhydrate und 7 kcal).

Gut zu wissen

Guarkernmehl wird aus der Guarbohne gewonnen und ist ein wasserlöslicher Ballaststoff – und pusht das Sättigungsgefühl. Außerdem enthält es kaum Kohlenhydrate, ist also ideal für kalorienarme Desserts und einen konstanten Blutzuckerspiegel. Guarkernmehl gibt's in Reformhäusern. Wer keins bekommt, kann stattdessen Pfeilwurzelmehl oder Johannesbrotkernmehl nehmen.

Fertig in nur 10 Minuten

FRÜCHTE-MÜSLI
mit Reiswaffeln

{Deckt den täglichen Vitamin-C-Bedarf!}

Zutaten für 2 Portionen
› 125 g frische Erdbeeren
› ½ reife Mango
› 4 Vollkorn-Reis- oder Dinkelwaffeln
› 300 ml fettarme Milch
› 4 EL Proteinpulver Vanille (40 g)

Zubereitung

1 Erdbeeren waschen, trocknen, Stielansatz entfernen und in Stücke schneiden. Mango waschen, trocknen und schälen. Das Fruchtfleisch vom Kern bzw. Stein entfernen und würfeln. Die Reiswaffeln mit den Händen zerbröseln.

2 Die Milch zusammen mit dem Eiweißpulver in den Shaker geben und etwa 30 Sekunden cremig schütteln. Alles in einer Müslischale vermengen.

Tipp

Sie können natürlich auch andere Obstsorten wählen, die auf dem Teller auch schön bunt wirken, wie z. B. Ananas, Kiwis, Melonenkugeln und Johannisbeeren.

Gut zu wissen

100 g Erdbeeren und Mango decken zusammen den empfohlenen Bedarf an Vitamin C, den wir täglich zu uns nehmen sollten. Achtung: Das wasserlösliche Vitamin reagiert empfindlich auf Licht, Hitze und Sauerstoff. Also Obst dunkel und kühl lagern.

Wer noch mehr Kalorien sparen möchte, ersetzt die Milch einfach durch Wasser.

Ausdauersportler sollten viele Nahrungsproteine aufnehmen. Mittlerweile ist die empfohlene Proteinzufuhr für sie genauso hoch wie bei Kraftsportlern, nämlich bis 2 g je Kilogramm Körpergewicht.

Nährwerte pro Portion
Kalorien (kcal): 240
Proteine (g): 23
Kohlenhydrate (g): 29
Fette (g): 4

Fertig in nur 12 Minuten

plus Backzeit

LOW-CARB-APFELKUCHEN
mit Baisermütze

Zutaten für 10 Stücke

› 2 Eigelb
› 1 TL Honig
› ½ TL Backpulver
› 100 g Weizenmehl Type 1050
› 200 g gemahlene Mandeln
› 60 g weiche Margarine oder Butter

Für den Belag

› 3 mittelgroße süße Äpfel
› 1 TL Zimt
› 5 Eiweiß
› 1 TL Zucker

Nährwerte pro Stück

Kalorien (kcal): 242
Proteine (g): 8
Kohlenhydrate (g): 12
Fette (g): 18

Zubereitung

1 Eigelb, Honig, Backpulver, Mehl, die Mandeln und Fett mit den Knethaken des Rührgeräts etwa 3 Minuten zu einem Teig verrühren. Danach mit den Händen zu einem großen Fladen formen und zwischen 2 Backpapierlagen auf Blechgröße dünn ausrollen. Im Backofen auf der mittleren Schiene etwa 15 Minuten bei 170 Grad Umluft backen.

2 Nach 5 Minuten Backzeit das Eiweiß mit dem Zucker steif schlagen. Äpfel waschen, trocknen und mit Schale auf einer Küchenreibe klein raspeln. Mit dem Zimt in der Schüssel verrühren.

3 Den Kuchenboden aus dem Backofen nehmen und die Äpfel dünn darüberstreichen. Anschließend den Eischnee

über die Äpfel geben und im Ofen weitere 12 Minuten fertig backen.

Tipp

Statt der gemahlenen Mandeln können Sie auch gemahlene Haselnüsse oder Walnüsse nehmen.

Überschüssiges Fett an Bauch und Hüfte loszuwerden geht einfacher, wenn der Körper weniger Insulin ins Blut abgibt. Dann können die Enzyme mehr Fett aus den Zellen abbauen. Deshalb sollten Sie zuckerarme Süßspeisen bevorzugen – und Gebäck, das zum großen Teil aus gemahlenen Mandeln oder Nüssen besteht.

LOW-CARB-MANDELKUCHEN mit Apfel-Chips

Fertig in nur 10 Minuten
plus Backzeit

Zutaten für 15 Stücke
› 50 g Apfel-Chips
› 300 g gemahlene Mandeln
› 100 g Proteinpulver neutral
› 1 Päckchen Backpulver
› ½ TL Ceylon-Zimt
› 250 g Magerquark
› 200 ml Wasser
› 4 Eier (Größe M)
› 4–6 Spritzer Süßstoff
› ½ TL Butter

Zubereitung

1 Die Apfel-Chips mit einem Messer klein hacken, dann mit Mandeln, Proteinpulver, Backpulver und Zimt gut verrühren.

2 Quark mit dem Wasser und den Eiern glatt rühren. Die Quark-Eiermasse mit dem Süßstoff süßen, dann zu den trockenen Zutaten geben und alles zu einem festen Teig verrühren.

3 Eine Kastenform mit der Butter ausfetten und den Teig hineingeben. Den Kuchen im Ofen auf der mittleren Schiene etwa 40–50 Minuten bei 160 Grad Umluft backen. Danach aus dem Ofen nehmen und 1 Stunde auskühlen lassen.

Tipp
Die Apfel-Chips können problemlos durch Aprikosen, Pflaumen, Cranberrys oder Rosinen ausgetauscht werden. Der Teig lässt sich mit Schoko-, Kokosraspeln oder geriebener Orangenschale verfeinern.

Für Möhrenkuchen 2 geriebene Karotten zusätzlich in den Teig rühren

Zimt gehört zu den typischen Gewürzen der Weihnachtszeit, wer sich clever ernährt, würzt damit das ganze Jahr. Darin stecken nämlich Polyphenole, die Studien zufolge blutzuckersenkend wirken. So konnte man bei Typ-2-Diabetikern eine Verbesserung des Blutzuckerspiegels und des Fettstoffwechsels beobachten. Zimt ist also ein guter Kilo-Killer.

Nährwerte pro Stück
Kalorien (kcal): 190 | Proteine (g): 13 |
Kohlenhydrate (g): 5 | Fette (g): 13

KUMQUAT-TRIFLE
auf knuspriger Knäcke-Krümelei

Heiß-hunger-Killer!

Zutaten für 2 Portionen
- › 150 g Kumquats
- › 250 g Magerquark
- › 150 g Dickmilch 3,5 % Fett
- › 4 Scheiben Sesam-Knäcke
- › 2 TL gehackte Mandeln
- › 2–4 Spritzer Süßstoff

Zubereitung

1 Die Kumquats waschen, trocknen, halbieren, entkernen und in feine Scheiben schneiden. Magerquark mit Dickmilch glatt rühren und die Kumquats unterheben. Mit Süßstoff abschmecken.

2 Knäckebrot mit den Händen grob zerbröseln und in Dessertschüsseln geben. Darauf die Quarkmasse mit den Kumquats verteilen, mit den Mandeln bestreuen.

Tipp
Die Kumquats können ganz nach Geschmack durch eine Orange, ½ Pampelmuse oder 2 Mandarinen ersetzt werden.

Gut zu wissen
Bitterorangen-Schalen gelten als natürlicher Fatburner (Synephrine). Und Mandeln enthalten Phytosterine, die überschüssiges Cholesterin binden – so gibt der Fettstoffwechsel Gas.

Die Schalen von Zitrusfrüchten haben eine stimulierende Wirkung auf unsere Thermogenese (Wärmebildung). Erhöht sie sich, muss der Körper mehr Energie freisetzen, was – bingo! – wiederum das Abnehmen unterstützt. **Zudem enthalten Zitrusfrüchte Bitterstoffe, die den Heißhunger drosseln.**

Nährwerte pro Portion
Kalorien (kcal): 270
Proteine (g): 22
Kohlenhydrate (g): 32
Fette (g): 6

JOGHURT-BUTTERMILCH-KALTSCHALE mit Apfel-Chips

Fertig in nur 6 Minuten
plus Kühlzeit

Zutaten für 2 Portionen
- › 200 ml fettarmer Joghurt
- › 200 ml Buttermilch
- › 2 EL Proteinpulver Vanille (20 g)
- › 30 g Apfel-Chips
- › 40 g ungezuckerte Cornflakes

Nährwerte pro Portion
Kalorien (kcal): 200 | Proteine (g): 8 |
Kohlenhydrate (g): 38 | Fette (g): 2

Zubereitung

1 Joghurt mit Buttermilch und Proteinpulver in einem Mixer mischen. Danach im Tiefkühlfach 30 Minuten kalt stellen.

2 Kurz vor dem Servieren Apfel-Chips und Cornflakes unterheben und servieren.

Fertig in nur
8 **Minuten**

KAISERSCHMARREN
mit Haferflocken & Beerenquark

Zutaten für 2 Portionen
› 80 g kernige Haferflocken
› 150 ml Wasser
› 1 EL Proteinpulver Vanille (10 g)
› 6 Eiweiß
› 2 TL Rapsöl

Für den Beerenquark
› 125 g frische oder Tiefkühl-Heidelbeeren
› 200 g Magerquark
› 50 ml Wasser
› Zimt, Koriander

Zubereitung

1 Die Haferflocken mit Wasser und Proteinpulver gut verrühren, dann 2–3 Minuten quellen lassen.

2 Die Heidelbeeren auslesen, Stiele entfernen und kurz unter fließendem Wasser waschen. Im Sieb oder auf Küchenpapier abtropfen lassen.

3 Quark mit dem Wasser glatt rühren und die Beeren unterheben.

4 Das Eiweiß zu den Haferflocken geben und mit dem Schneebesen schaumig schlagen.

5 Öl in der Pfanne erhitzen und die Eier-Haferflockenmasse bei größerer Hitze etwa 2 Minuten braten und fest werden lassen. Danach wenden und mit zwei Gabeln in grobe Stücke zerreißen. Kaiserschmarren anrichten, würzen und den Beerenquark darübergeben.

Gut zu wissen
Haferflocken versorgen nicht nur Muskeln und Gehirn mit Energie, sondern liefern für den aktiven Stoffwechsel auch B-Vitamine und Mineralstoffe. Die Vitamine B1, B2 und B6 beispielsweise sorgen für einen reibungslosen Ablauf des Energie- und Proteinstoffwechsels. Zink ist zusammen mit Eisen ein natürlicher Fatburner.

Wer seine **Energiespeicher nach einem harten Work-out maximal füllen** möchte, der rührt noch Trockenobst (z. B. Rosinen, Trockenpflaumen, Aprikosen oder Feigen) unter den Quark. Wer das nicht mag, nimmt Ahornsirup, Pflaumenmus oder Honig.

Nährwerte pro Portion
Kalorien (kcal): 340
Proteine (g): 34
Kohlenhydrate (g): 35
Fette (g): 7

STRACCIATELLA-STERNE
toppen Reiswaffeln

Zutaten für 2 Portionen

› 1 Sternfrucht (Karambole)
› 300 g Magerquark
› 2 EL Schokostreusel
› 1–2 TL Honig
› 6 Reis- oder Dinkelwaffeln

Nährwerte pro Portion

Kalorien (kcal): 270
Proteine (g): 21
Kohlenhydrate (g): 37
Fette (g): 4

Zubereitung

1 Sternfrucht waschen, trocknen, in dünne Scheiben schneiden, Kerne herauslösen.

2 Quark mit Schokoladenstreuseln und Honig gut verrühren, gleichmäßig auf den Reiswaffeln verteilen und großzügig mit den Sternscheiben belegen.

Tipp

Die Sternfrucht kann auch klein gewürfelt unter den Quark gehoben werden. Oder das Fruchtfleisch einer Maracuja.

Gut zu wissen

Exotische Früchte bekommen wir das ganze Jahr über im Supermarkt. Dabei haben viele vergessen – mal abgesehen vom Umweltaspekt –, dass Obst aus fernen Ländern bei falscher Lagerung und langen Transportwegen auch wertvolle Nährstoffe verlieren kann. Wurde es zudem unreif geerntet, können sich die Vitamine nicht richtig ausbilden. Deshalb sollten Exoten eine Ausnahme bleiben – bevorzugen Sie lieber saisonales Obst aus der Region.

BANANEN-CREME auf Vollkorn-Knäcke

Fertig in nur 6 Minuten

Zutaten für 2 Portionen

› 2 kleine reife Bananen
› 50 g Dickmilch 3,5 % Fett
› 150 g Magerquark
› 1 EL Proteinpulver Vanille (10 g)
› 4 Scheiben Vollkorn-Knäckebrot

Nährwerte pro Portion

Kalorien (kcal): 225 | Proteine (g): 17 |
Kohlenhydrate (g): 35 | Fette (g): 2

Zubereitung

1 Bananen schälen und mit der Gabel zu Mus zerdrücken.

2 Dickmilch mit Quark und Proteinpulver glatt rühren. Das Bananenmus unterheben und die Creme gleichmäßig auf dem Knäckebrot verteilen.

Tipp

Wer will, der kann aus den Zutaten auch eine Quarkspeise machen: Dafür rühren Sie 1–2 EL mehr Speisequark unter das Bananenmus und heben noch 1 Scheibe zerbröseltes Knäckebrot darunter.

Noch ein Tipp

Bananen sind gute Kaliumlieferanten – und helfen, die Kohlenhydratspeicher der Muskeln aufzubauen. Außerdem reguliert Kalium den Säuren-Basen-Haushalt, der in Stresssituationen ins Ungleichgewicht gerät.

Gut zu wissen

Bitterschokolade liefert Flavonoide. Die haben antioxidative und blutgefäßerweiternde Eigenschaften und schützen somit die Körperzellen vor erhöhtem oxidativem Stress, also ideal für Diät- und Definitionsphasen. Aber nur eine Miniportion pro Tag naschen (20 g), weil Bitterschokolade viel Fett enthält.

Fertig in nur
5 Minuten

SCHOKO-NUSSPRALINEN
Süße Seelentröster-Crossies

Zutaten für 8 Pralinen
› 1 Stück dunkle Kuvertüre (50 g)
› 60 ml Wasser
› 40 g Walnusskerne
› 20 g ungezuckerte Cornflakes

Zubereitung

1 Kuvertüre mit Wasser bei mittlerer Hitze in einem Topf zum Schmelzen bringen.

2 Walnusskerne halbieren und die ungezuckerten Cornflakes mit den Händen zerbröseln. Die flüssige Schokolade mit den Walnusskernen und den Cornflakes gut vermengen. Die Schoko-Walnussmasse mit zwei Esslöffeln zu 8 Pralinen formen, leicht zusammendrücken und auf Backpapier legen.

3 Im Kühlschrank etwa 30 Minuten kühlen, dann mit Tee oder Kaffee genießen.

Gut zu wissen
In Walnüssen stecken die wertvollen Omega-3-Fettsäuren, die der Körper selbst nicht bilden kann. Dabei sind sie wichtig, denn sie pushen unsere Leistungsfähigkeit und Konzentration. Außerdem werden die gesunden hochwertigen Fettsäuren gegen erhöhten Blutdruck und Cholesterinspiegel eingesetzt.

 Pralinen liefern in der Regel Einfachzucker, der sich meist in der Schokolade befindet. **Um eine schnelle Zuckerverdauung zu bremsen, wird diesen Pralinen durch die Nüsse mehr Fett gegeben. Dadurch erschlafft die Verdauungsaktivität des Magen-Darm-Traktes, der Zucker gelangt verzögert in die Blutbahn – und der Heißhunger bleibt auf der Strecke.**

Nährwerte **pro Portion**
(5 Stück)
Kalorien (kcal): 263
Proteine (g): 6
Kohlenhydrate (g): 26
Fette (g): 15

GURKEN-SAFT Cooler Summer-Drink

Fertig in nur 5 Minuten

Zutaten für 2 Portionen
› 1 Salatgurke
› 200 ml Buttermilch
› 200 g Vollmilchjoghurt
› 2 TL Tiefkühl-Dill
› Salz, schwarzer Pfeffer

Nährwerte pro Portion
Kalorien (kcal): 120 | Proteine (g): 8 | Kohlenhydrate (g): 10 | Fette (g): 5

Zubereitung
1 Salatgurke waschen, Enden entfernen, in grobe Stücke schneiden.

2 Buttermilch, Vollmilchjoghurt, Dill und die Gurkenstücke in einen Standmixer geben und zerkleinern. Mit Salz und Pfeffer pikant abschmecken.

VAMPIR-SHAKE Bloody Soda

Fertig in nur 8 Minuten

Zutaten für 2 Portionen
› 2 Blutorangen
› 250 g Dickmilch
› 100 ml Mineralwasser medium
› 2 EL Proteinpulver Vanille (20 g)

Nährwerte pro Portion
Kalorien (kcal): 170 | Proteine (g): 14 | Kohlenhydrate (g): 17 | Fette (g): 5

Zubereitung
1 Die Blutorangen mit einer Obstpresse entsaften.

2 Dickmilch, Mineralwasser und Proteinpulver in einen Shaker oder Mixer geben und mixen. Danach den Saft der Blutorangen zugeben und nochmals mixen.

ERDBEER-BANANEN-SMOOTHIE mit Stracciatella-Kick

Fertig in nur 5 Minuten

Zutaten für 2 Gläser
› 2 halbreife Bananen
› 100 ml Mineralwasser
› 300 g Kefir 1,5 % Fett
› 2 EL Proteinpulver Stracciatella (20 g)
› 2 EL Erdbeer-Marmelade

Nährwerte pro Portion
Kalorien (kcal): 220 | Proteine (g): 14 | Kohlenhydrate (g): 35 | Fette (g): 3

Zubereitung
1 Bananen schälen und in grobe Stücke schneiden. Mineralwasser, Kefir und Proteinpulver zur Banane geben und mit einem Pürierstab oder im Mixer zerkleinern.

2 Anschließend die Erdbeer-Marmelade dazugeben und nochmals mixen.

Tipp
Anstelle von Kefir schmeckt auch Joghurt, Dickmilch oder saure Sahne.

Gut zu wissen
Mit Tiefkühl-Beerenobst statt Bananen wird's im Sommer leckeres Eis (Sorbet).

 Proteinpulver mit Schokoladengeschmack tut Schokoholics gut.

BANANEN-SHAKE
Extra cremig

Protein-Refresher

Zutaten für 2 Gläser
› 2 halbreife Bananen
› 500 ml Buttermilch
› 2 EL Casein-Proteinpulver Vanille (20 g)

Fertig in nur 5 Minuten

Gut zu wissen

Buttermilch ist ein optimales Sportlergetränk, denn sie liefert hochwertiges Eiweiß, Mineralstoffe und enthält dabei nicht mehr als 1 g Fett auf 100 g. Da ein hoher Fettanteil die Verdauung verzögert, sollten Sportler um das Training herum auf den Fettgehalt achten. Durch die Zugabe von Bananen erhält die Buttermilch schnelle Kohlenhydrate, die im Training den Blutzuckerspiegel aufrechterhalten.

Nährwerte pro Portion
Kalorien (kcal): 220
Proteine (g): 18
Kohlenhydrate (g): 32
Fette (g): 2

Zubereitung

Die Bananen schälen und in grobe Stücke schneiden. Buttermilch und Proteinpulver hinzugeben und mit einem Pürierstab oder im Mixer zerkleinern.

131

Fertig in nur 5 Minuten

SCHINKENRÖLLCHEN
mit Honigmelone und Käse

Zutaten für 2 Portionen
›   6 Scheiben Kochschinken
›   400 g Honigmelone
›   20 fertige Käsewürfel

Nährwerte pro Portion
Kalorien (kcal): 251
Proteine (g): 26
Kohlenhydrate (g): 12
Fette (g): 11

Zubereitung

1   Kochschinken in der Mitte halbieren und die Hälften zu kleinen Röllchen wickeln.

2   Melone in 4 Schiffchen schneiden. Zusammen mit den Schinkenröllchen und den Käsewürfeln snacken.

Tipp

Sie können natürlich jede Melonensorte verwenden, z. B. auch Cantaloupe-, Galia- oder Wassermelone.

Gut zu wissen

Melonen sind optimale Refresher – während oder nach sportlicher Aktivität. Sie liefern zu 90 Prozent Flüssigkeit, die beim Sport zum Großteil verloren geht. Darüber hinaus stecken je nach Sorte 5 bis 15 g Zucker (pro 100 g) drin, die während einer intensiven und lang andauernden Belastung einen Energieschub bringen. Sportler mit einer lang andauernden Belastung wie Marathonläufer oder Triathleten haben hohe Verluste an den Mineralstoffen Natrium und Chlorid (= Kochsalz). Die Kombi aus Melone und Schinken gleicht das ratzfatz aus.

PAPRIKA-MELONEN-SALAT mit Fetakäse

Fertig in nur 8 Minuten

Zutaten für 2 Portionen:
› 100 g Feta-Käse
› 2 Stück Honigmelone (à 124 g)
› 1 rote Paprika
› 6 gehackte Basilikumblätter
› Saft einer ½ Zitrone, Salz, weißer Pfeffer

Nährwerte pro Portion

Kalorien (kcal): 200 | Proteine (g): 10 | Kohlenhydrate (g): 13 | Fette (g): 12

Zubereitung

1 Feta in mundgerechte Stücke schneiden. Fruchtfleisch der Melone klein würfeln.

Paprika halbieren, entkernen, waschen und klein würfeln.

2 Feta mit der Melone und den Paprikawürfeln vermengen. Basilikum und den Zitronensaft zugeben und würzen.

FLEISCHWURST-SALAT mit Tomaten-Mais

Fertig in nur 8 Minuten

Zutaten für 2 Portionen
› 100 g Geflügelfleischwurst
› 40 g Gemüsemais a. d. Dose
› 2 große Tomaten
› 2 EL dunkler Balsamico-Essig
› 2 TL Tiefkühl-Basilikum
› Salz, schwarzer Pfeffer

Nährwerte pro Portion

Kalorien (kcal): 203 | Proteine (g): 9 | Kohlenhydrate (g): 17 | Fette (g): 11

Zubereitung

1 Die Fleischwurst in mundgerechte Würfel schneiden.

2 Mais auf ein Sieb zum Abtropfen geben. Tomaten waschen, Stielansatz entfernen und klein würfeln. Mit Mais, Balsamico, Basilikum und Fleischwurst vorsichtig vermengen.

Gut zu wissen

Basilikum ist aus der mediterranen Küche nicht wegzudenken. Was viele nicht wissen: Es ist auch ein tolles Hausmittel bei Blähungen, Völlegefühl und Appetitverlust.

KÄSESPIESSE mit Kirschtomaten

Fertig in nur 5 Minuten

Zutaten für 2 Portionen
› 4 Scheiben Käse nach Wahl (à 30 g)
› 10 Kirschtomaten

Nährwerte pro Portion

Kalorien (kcal): 225 | Proteine (g): 16 | Kohlenhydrate (g): 2 | Fette (g): 17

Zubereitung

1 Tomaten waschen, Stielansatz entfernen. Tomaten trocknen. Käsescheiben der Länge nach halbieren und aufrollen.

2 Käseröllchen und Tomaten im Wechsel aufspießen und servieren.

Gut zu wissen

Sind Sie gut im Kopfrechnen? Wäre hilfreich beim Bestimmen des Fettgehalts von Käse. So können Sie aus dem angegebenen Fett in der Trockenmasse (i. Tr.) den absoluten Fettgehalt ermitteln. Und zwar nach diesen Faustformeln: Bei Hartkäse multipliziert man den Fett-in-der-Trockenmasse-Wert mit 0,7. Schnittkäse mit 0,6. Weichkäse mit 0,5. Und Frischkäse mit 0,3. Praktisch bedeutet das: Camembert mit 60 % Fett i. Tr. hat einen tatsächlichen Fettgehalt von 30 %. Alles klar?

PAPRIKA-ROULADE
In Geflügel gewickelt

Zutaten für 2 Portionen
› 2 rote Spitzpaprika
› 10 Scheiben Geflügelaufschnitt (à 18 g)
› 20 g Remouladensoße aus der Tube

Nährwerte pro Portion
Kalorien (kcal): 253
Proteine (g): 15
Kohlenhydrate (g): 10
Fette (g): 17

Zubereitung
1 Paprika halbieren, entkernen, waschen und in grobe Stifte schneiden. Diese in den Geflügelwurstscheiben verteilen und einrollen.

2 Remouladensoße über die Geflügel-Wickel streichen.

Tipp
Der Geflügelaufschnitt passt auch sehr gut zu eingelegten Gewürzgurken, Senfgurken, Mixed Pickles, gegrillten Paprika oder Peperoni.

Noch ein Tipp
Veganer nehmen Räucher-Tofu, Nuss-Tofu, eingelegten Tofu (z. B. in Bärlauch, Basilikum) oder vegetarischen Aufschnitt.

GEFÜLLTE SPITZPAPRIKA Ein Feta-Vergnügen

Fertig in nur 8 Minuten

Zutaten für 2 Portionen
› 2 Spitzpaprika
› 100 g Fetakäse
› 100 g Magerquark
› 50 g Paprikamus Ajvar
› 2 TL Tiefkühl-Petersilie
› Koriander, Oregano, schwarzer Pfeffer

Nährwerte pro Portion
**Kalorien (kcal): 240 | Proteine (g): 19 |
Kohlenhydrate (g): 15| Fette (g): 12**

Zubereitung
1 Spitzpaprika halbieren, entkernen, waschen und trocknen.

2 Fetakäse mit einer Gabel zerdrücken und mit dem Quark glatt rühren. Paprikamus und Petersilie unterheben und mit den Gewürzen abschmecken.

3 Die Paprika-Hälften mit dem Käse-Ajvar-Aufstrich füllen.

In einer Diät werden häufig mehrere Mahlzeiten empfohlen. Aus gutem Grund: Durch die kleinen Snacks wird eine Unterzuckerung vermieden. Denn durch die Reduzierung der Kalorien und Portionsmengen fällt der Blutzuckerspiegel früher als gewohnt ab. Und durch die Zwischenmahlzeiten wird er stabilisiert und der Heißhunger gedrosselt.

Fertig in nur
6 Minuten

RÄUCHERFORELLE in würziger Hüttenkäse-Creme

Fertig in nur 5 Minuten

Zutaten für 2 Portionen

› 2 Räucherforellenfilets (à 65 g)
› 50 g Dickmilch 3,5 % Fett
› 300 g körniger Frischkäse < 2,5 % Fett
› 4 Reiswaffeln
› 2 TL mittelscharfer Senf
› 2 TL Tiefkühl-Dill

Nährwerte pro Portion
**Kalorien (kcal): 260 | Proteine (g): 32 |
Kohlenhydrate (g): 15 | Fette (g): 8**

Zubereitung

1 Forellenfilets mit einer Gabel grob zerkleinern.

2 Dickmilch mit dem Frischkäse, dem Senf und dem Dill glatt rühren. Forellenfilet-Stückchen unterheben und mit den Reiswaffeln servieren.

Tipp
Wer keinen Hüttenkäse mag, der nimmt stattdessen Magerquark und hebt 2 EL saure Sahne für den cremigen Geschmack darunter.

Gut zu wissen
Senf ist super zu Fleisch und Wurst. Für seinen scharfen Geschmack sind die Senföle (Glucosinolate) verantwortlich. Die sind übrigens auch verdauungs- und durchblutungsfördernd und unterstützen während einer Diät oder Aufbauphase das Wohlbefinden. Nicht zu vergessen: Sie werden bei einer Erkältung gerne als natürliches Antibiotikum eingesetzt, weil sie das Wachstum von Bakterien in den Atemwegen hemmen.

HALBE GURKEN exotisch gefüllt

Fertig in nur 8 Minuten

Zutaten für 2 Portionen

› 1 große Salatgurke
› 100 g Magerquark
› 1 TL mittelscharfer Senf
› ½ TL Curry
› 2 TL Tiefkühl-Petersilie
› 165 g Thunfisch a. d. Dose (in Öl, abgetropft)
› Salz, weißer Pfeffer

Nährwerte pro Portion
**Kalorien (kcal): 225 | Proteine (g): 23 |
Kohlenhydrate (g): 4 | Fette (g): 13**

Zubereitung

1 Gurke waschen, der Länge nach halbieren und die Kerne mit einem Löffel vorsichtig herauskratzen.

2 Quark mit Thunfisch, Senf, Curry und Petersilie glatt rühren. Mit Salz und dem weißen Pfeffer kräftig nachwürzen.

3 Gurken-Hälften mit der Thunfisch-Paste füllen.

Gut zu wissen
Curry ist eine Mischung, die sich aus über 10 einzelnen Gewürzen zusammensetzen kann. Der Hauptbestandteil ist meist Kurkuma gefolgt von Koriander, Kreuzkümmel, Bockshornklee und Ingwer. Interessant: Diese Gewürze werden in der Homöopathie als natürliches Therapeutikum bei erhöhtem Blutdruck und Cholesterinspiegel sowie Krankheitsanfälligkeit eingesetzt.

Fertig in nur 8 Minuten

SWEET CHEESE-SANDWICH
mit Sü(ß)dfrüchten

Zutaten für 2 Portionen
› 4 Scheiben oder 4 Würfel Edamer (à 30 g)
› 2 kleine Grapefruit
› 2 Kiwis

Nährwerte pro Portion
Kalorien (kcal): 245
Proteine (g): 17
Kohlenhydrate (g): 13
Fette (g): 14

Zubereitung

1 Käsescheiben halbieren. Grapefruit schälen, in dünne Scheiben schneiden. Kerne entfernen.

2 Kiwi schälen, waschen, trocknen, halbieren und in dünne Scheiben schneiden.

3 Grapefruitstücke und Kiwischeiben auf die Käsescheiben legen und zu einem Sandwich zusammenklappen.

Tipp
Die Käsescheiben können auch durch Koch-, Lachs- oder Parmaschinken ersetzt werden.

Gut zu wissen
Käse wird aus roher Kuhmilch gewonnen, indem man die beiden Milchproteine Molke und Casein voneinander trennt. Beide gehören zu den besten Nahrungsproteinen mit einer hohen biologischen Wertigkeit. Deshalb sollten Sportler mehr Milchprodukte für Muskelaufbau und Regeneration zu sich nehmen.

FRUCHTIGER CAPRESE-SALAT
mit Erdnüssen

Zutaten für 2 Portionen

› 2 Stücke Galiamelone (à 80 g)
› 1 süßsaurer Apfel
› 8 Kirschtomaten
› 6 Blätter Basilikum
› 60 g gesalzene Erdnüsse

Zubereitung

1 Schale der Melonenstücke entfernen und das Fruchtfleisch klein würfeln.

2 Apfel waschen, halbieren, entkernen und grob würfeln. Kirschtomaten waschen, trocknen, halbieren und vierteln.

3 Obst, Tomaten und gehackten Basilikum in eine kleine Schüssel geben, vermengen und die Erdnüsse darüberstreuen.

Tipp

Die Melone können Sie auch durch frische Ananas ersetzen.

Gut zu wissen

Obst und Gemüse zählen zu den Lebensmitteln mit dem höchsten Wassergehalt. Wer davon zu wenig zu sich nimmt, muss das ausgleichen, indem er mehr trinkt – statt 1,5 nämlich mindestens 2 Liter pro Tag. Deshalb ist dieses Gericht zudem ein wunderbarer Sommer-Snack und nicht nur für Sportler, sondern auch für Senioren gut geeignet.

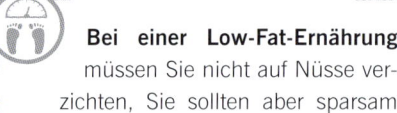

Bei einer Low-Fat-Ernährung müssen Sie nicht auf Nüsse verzichten, Sie sollten aber sparsam mit der Menge sein.

Fertig in nur 10 Minuten

Nährwerte pro Portion
Kalorien (kcal): 240
Proteine (g): 9
Kohlenhydrate (g): 17
Fette (g): 15

SCHARFER NUSS-FRISCHKÄSE Hot Chili auf Chicorée

Fertig in nur 8 Minuten

Zutaten für 2 Portionen
› 2 Stauden Chicorée
› 40 g gehackte Erdnüsse
› 200 g Magerquark
› 100 g Dickmilch 3,5 % Fett
› 1 EL Tomatenmark
› ½ TL Paprika rosenscharf
› ½ TL Chili
› 2 TL Tiefkühl-Kräutermischung
› Salz, schwarzer Pfeffer

Nährwerte pro Portion
Kalorien (kcal): 248 | Proteine (g): 22 |
Kohlenhydrate (g): 13 | Fette (g): 12

Zubereitung

1 Strunk der Chicorée-Stauden sparsam abschneiden. Die Blätter in kaltem Wasser waschen und trocknen. Erdnüsse mit einem Messer grob zerhacken.

2 Quark mit Dickmilch und Tomatenmark glatt rühren. Paprika- und Chilipulver, Kräutermischung und Erdnüsse unterrühren. Mit Salz und Pfeffer würzen, mit dem Chicorée servieren.

POPEYE'S KÄSESUPPE mit Shrimps

Fertig in nur 8 Minuten

Zutaten für 2 Portionen
› 600 g Tiefkühl-Rahmspinat
› 200 ml heißes Wasser
› 1 TL Gemüsebrühe (Pulver)
› 200 g frische oder Tiefkühl-Shrimps
› 4 EL geriebener Parmesan
› Salz, weißer Pfeffer, Muskat

Nährwerte pro Portion
Kalorien (kcal): 225 | Proteine (g): 36|
Kohlenhydrate (g): 13 | Fette (g): 3

Zubereitung

Tiefkühl-Rahmspinat in der Mikrowelle auftauen. Dann mit heißem Wasser, Gemüsebrühe und Shrimps in einem Topf etwa 6 Minuten bei größerer Hitze kochen. Würzen und auf Teller füllen, Parmesan darüberstreuen.

FRIKADELLEN TO GO Bester Büro-Snack

Schmeckt auch kalt!

Fertig in nur 8 Minuten

Zutaten für 2 Portionen
› 2 große gebratene Frikadellen (à 75 g)
› 12 Senfgurken-Viertel a. d. Glas
› 100 g Kräuterquark 2,4 % Fett

Nährwerte pro Portion
Kalorien (kcal): 229 | Proteine (g): 22 |
Kohlenhydrate (g): 6 | Fette (g): 13

Zubereitung

1 Frikadellen in mundgerechte Würfel schneiden und in der Mikrowelle erhitzen.

2 Frikadellen mit den abgetropften Senfgurken und dem Kräuterquark servieren.

Rezept auf Seite 146

ABENDESSEN

Gesund und deftig – das passt
ausgezeichnet zusammen. Der
Beweis sind Fitness-Rezepte,
die Lust auf mehr machen…

GEFLÜGEL-GULASCH

Jetzt ist alles wurscht

Zutaten für 2 Portionen

› 100 g Low-Carb-Nudeln
› 150 g Geflügelfleischwurst
› 3 bunte Paprika
› 2 Pfefferschoten
› 1 große Zwiebel
› 2 EL Olivenöl
› Saft von ½ Zitrone
› 200 ml passierte Tomaten
› Schwarzer Pfeffer, Paprika rosenscharf, Curry, Majoran

Zubereitung

1 Einen Topf mit heißem Wasser für die Nudeln aufsetzen. Die Geflügelfleischwurst würfeln. Paprika halbieren, entkernen, waschen und in grobe Würfel schneiden. Pfefferschoten waschen und in dünne Scheiben schneiden. Die Zwiebel schälen und in schmale Streifen schneiden.

2 Die Nudeln ins kochende Wasser geben und etwa 7 Minuten bei mittlerer Hitze kochen. Danach bei ausgeschalteter Kochplatte 2–3 Minuten ziehen lassen.

3 Das Öl in einem Topf erhitzen, Paprika, Pfefferschote und Zwiebel etwa 2 Minuten bei größerer Hitze braten. Die Gewürze hinzugeben und eine weitere Minute braten. Die passierten Tomaten, den Zitronensaft und die Wurstwürfel hinzugeben. Alles weitere 2 Minuten kochen.

4 Das Nudelwasser abgießen und die Pasta mit dem Gulasch anrichten.

Tipp

Ein zusätzlicher Esslöffel fettarmer Frischkäse macht die Soße noch viel cremiger.

Gut zu wissen

Gepökelte Wurstwaren sollten nicht lange gebraten und nicht gegrillt werden, sonst entstehen Nitrosamine. In größerer Menge schreibt man denen einen krebsauslösenden Effekt zu. Deshalb sollten Sie zu nitrithaltigen Wurstwaren immer viel Zitronensaft geben. Aus gutem Grund: Vitamin C verringert die Bildung von Nitrosaminen. Außerdem die gepökelte Wurst prinzipiell erst nach dem gebratenen Gemüse (siehe Rezept) hinzugeben, damit die Wurst kaum mit dem heißen Fett und Topfboden in Berührung kommt.

Wer massive Muskeln aufbauen will, muss sich proteinbetont ernähren – also vorrangig Fleisch-, Wurstwaren, Fisch, Eier und Milchprodukte auf den Teller packen. Damit gesunde Abwechslung nicht zu kurz kommt, gibt es einige Proteinlieferanten, die perfekt dazu passen und auch noch schmecken: Hülsenfrüchte (z. B. Erdnüsse 25 g Protein/100 g, Kidneybohnen 8 g/100 g, Tofu-Bratling 20 g/100 g), Getreide (z. B. Haferflocken 13 g/100 g) und Nüsse (Walnüsse 14 g/100 g, Cashewkerne 15 g/100 g). Diese Lebensmittel garantieren Kraftsportlern eine ausgewogene Proteinauswahl mit wenig (ungesunden) gesättigten Fetten.

Nährwerte pro Portion

Kalorien (kcal): 541
Proteine (g): 46
Kohlenhydrate (g): 24
Fette (g): 29

SATTMACHER-SALAT
auf Vollkornbrot

Zutaten für 2 Portionen
- › 100 g Geflügel-Bierschinken
- › 100 g Maasdamer-Käse in Scheiben
- › 1 Salatgurke
- › 2 rote Paprika
- › Saft von ½ kleinen Zitrone
- › 2 EL Tiefkühl-Dill
- › 100 ml Dickmilch 3,5 % Fett
- › 2 Scheiben Vollkornbrot (à 45 g)
- › Salz, schwarzer Pfeffer, Koriander

Nährwerte pro Portion
**Kalorien (kcal): 450 | Proteine (g): 26 |
Kohlenhydrate (g): 31 | Fette (g): 25**

Zubereitung

1 Bierschinken und Käse halbieren und in feine Streifen schneiden. Gurke und Paprika waschen. Die Gurke längs halbieren, das Kerngehäuse herauskratzen, in dünne Scheiben schneiden. Paprika halbieren, dann entkernen und würfeln.

2 Alles zusammen mit Zitronensaft und Dill in einer Schüssel mit der Dickmilch verrühren. Salat kräftig würzen und gleichmäßig auf dem Vollkornbrot verteilen.

Tipp
Käse beeinflusst den Geschmack des Salats: Tilsiter ist pikant, Butterkäse oder Camembert sind eher mild.

Klar, man freut sich bei einer Diät über den Abnehm-Erfolg. Mindestens genauso wichtig ist aber, dass man möglichst lange satt ist. Das schaffen Lebensmittel, die einen hohen Wassergehalt haben – und dazu gehören Gemüse, Fleisch, Fisch und Milchprodukte.

EIWEISSBROT gekörnt mit Sesam und Leinsamen

Fertig in 15 Minuten
plus Backzeit

Zutaten für 1 Low-Carb-Brot (ca. 870 g)
- › 200 g Weizenmehl Type 1050
- › 200 g Proteinpulver neutral
- › 1 Päckchen Trockenhefe
  40 g Sesamsamen
- › 40 g Leinsamen
- › 1 TL Salz
- › 1 Prise Zucker
- › 500 g Magerquark
- › 100 ml lauwarmes Wasser

Nährwerte pro Scheibe à 45 g
**Kalorien (kcal): 110 | Proteine (g): 14 |
Kohlenhydrate (g): 9 | Fette (g): 2**

Zubereitung

1 Backofen auf 200 Grad vorheizen. Trockene Zutaten (Mehl, Proteinpulver, Hefe, Sesam, Leinsamen, Salz, Zucker) mischen. Quark und warmes Wasser hinzugeben, Teig mit Handrührgerät durchkneten.

2 Den Teig zum Brotlaib formen, an einem warmen Ort 30 Minuten gehen lassen.

3 Das Brot dann auf ein mit Backpapier belegtes Blech legen und auf mittlerer Schiene des Ofens etwa 50 Minuten backen. Vor dem Verzehr auskühlen lassen.

Tipp
Statt Weizenmehl auch einmal Dinkel- oder Roggenvollkornmehl ausprobieren, wobei der Teig dann 50–100 ml mehr Wasser braucht.

Noch ein Tipp
Machen Sie aus dem Teig doch mal Brötchen – prima fürs Frühstück!

Fertig in nur
13 Minuten

SM-SALAT
an Sojaklopsen

Fertig in nur 15 Minuten

Zutaten für 2 Portionen

› 2 fertige Sojafrikadellen (à 90 g)
› 4 EL Rapsöl
› ½ kleine Knolle Sellerie (ca. 400 g)
› 1 Möhre
› 2 Mandarinen
› ½ Bund frische oder
  2 EL Tiefkühl-Petersilie
› Saft von ½ Zitrone
› 100 g saure Sahne
› 1 TL flüssiger Honig
› Salz, weißer Pfeffer

Nährwerte pro Portion
Kalorien (kcal): 420 | Proteine (g): 26 |
Kohlenhydrate (g): 23 | Fette (g): 25

Zubereitung

1 Öl in einer Pfanne erhitzen und die Soja-frikadellen bei mittlerer Hitze etwa 4 Minuten rundherum braten.

2 Sellerie und Möhre schälen, waschen und klein raspeln. Mandarinen schälen und zu Filets zerpflücken. Petersilie waschen, Stiele entfernen und klein schneiden.

3 Sellerie, die Möhren, die Mandarinen und die Petersilie gut miteinander ver-mengen. Den Zitronensaft, die saure Sahne und den Honig unterheben. Mit den Gewürzen abschmecken.

4 Sojafrikadellen auf Küchenpapier entfet-ten, mit dem Salat servieren.

Tipp

Wer keine Sojafrikadellen mag, kann Getreide-frikadellen aus geschrotetem Dinkel, Grünkern oder Weizen nehmen. Lecker sind aber auch Brat-Käse und Back-Camembert als Sojaer-satz – jeweils mit gehackten Walnüssen.

Jeder weiß, dass Eier zu den biologisch hochwertigsten Prote-inlieferanten gehören. Doch Soja-bohnen haben eine ähnlich gute Zu-sammensetzung der Aminosäuren, die perfekt für den Um- und Aufbau von Körper- und Muskelproteinen sind. Sie stehen damit aus ernährungsphysiologi-scher Sichtweise noch vor dem Fleisch.

KICHERERBSEN-MIX plus Wiener Begleitung

Fertig in nur 10 Minuten

Zutaten für 2 Portionen
› 200 g Kichererbsen a. d. Dose
› 12 Kirschtomaten
› 1 grüne Paprika
› 1 rote Paprika
› ½ kleine Zwiebel
› 4 Geflügel-Wiener à 60 g
› 2 EL Branntweinessig
› 2 TL frische oder Tiefkühl-Petersilie
› Salz, schwarzer Pfeffer, Kreuzkümmel

Nährwerte pro Portion
Kalorien (kcal): 430 | Proteine (g): 27 | Kohlenhydrate (g): 23 | Fette (g): 26

Zubereitung
1 Kichererbsen in einem Sieb abtropfen. Kirschtomaten waschen, trocknen und halbieren. Paprika halbieren, entkernen, waschen und mit der geschälten Zwiebel klein würfeln. Geflügel-Wiener in dünne Scheiben schneiden.

2 Alles in eine Schüssel geben, mit Essig und Petersilie vermengen, würzen.

Gut zu wissen
Kichererbsen sind enorm vielseitig. Man kann sie als Hummus, Falafel, Brotaufstrich, in Suppen oder Soßen verwenden.

Kichererbsen bestehen zu 20 Prozent aus Eiweiß und sorgen in einer Diät genauso wie Fleisch oder Wurst dafür, dass trotz Abnahme die Muskulatur erhalten bleibt. Dazu kommen Ballaststoffe, komplexe Kohlenhydrate, ungesättigte Fettsäuren. Und das ist eine super Diät-Mischung: Die Kichererbsen halten Sie lange satt, ohne den Blutzuckerspiegel hochzutreiben. Gut auch für Diabetiker!

FETA-NUSS-SALAT mit Ananas

Fertig in nur 13 Minuten

Zutaten für 2 Portionen
› 6 Ananas-Ringe ungezuckert
› 100 g Fetakäse
› 4 mittelgroße Tomaten
› 1 Salatgurke
› 2 TL Tiefkühl-Schnittlauch
› 2 EL dunkler Balsamico-Essig
› 40 g gehackte Walnüsse
› 2 Scheiben Sesambrot getoastet (à 45 g)
› Salz, weißer Pfeffer, Muskat, Kreuzkümmel

Nährwerte pro Portion
Kalorien (kcal): 446 | Proteine (g): 17 | Kohlenhydrate (g): 36 | Fette (g): 26

Zubereitung
1 Ananas-Ringe auf Küchenpapier abtropfen, dann in Stücke schneiden. Feta in mundgerechte Würfel schneiden. Tomaten waschen, Stielansätze entfernen, klein würfeln. Gurke waschen, vierteln und in dünne Scheiben schneiden.

2 Feta mit Ananas, Tomate, Gurke, Schnittlauch und Balsamico-Essig vermengen. Die Walnüsse unterheben und den Salat mit Gewürzen kräftig abschmecken. Mit dem Sesambrot servieren.

Nüsse liefern viel Fett, aber die darin enthaltenen ungesättigten Fettsäuren sind wichtig für den gesunden Cholesterinspiegel – und somit auch fürs muskelaufbauende Hormon Testosteron. Eine fettarme Ernährung würde den Muskelaufbau ausbremsen.

Es muss nicht immer Eiweißbrot sein. Denn 100 g davon haben häufig mehr als 300 kcal und sind eher geeignet fürs Zunehmen oder den Muskelaufbau. Normales Roggenbrot hingegen hat nur 230 kcal/100 g.

GEFÜLLTES OMELETTE
à la Caprese

Zutaten für 2 Portionen
› 60 g Rucola
› 2 große Strauchtomaten
› 125 g Mozzarella 8,5 % Fett
› 2 EL dunkler Balsamico-Essig

Für das Omelette
› 2 Eier (Größe M)
› 100 ml Wasser
› 60 g kernige Haferflocken
› 2 EL Proteinpulver neutral (20 g)
› 3 TL tiefgefrorene Petersilie
› 2 EL Rapsöl
› Salz, schwarzer Pfeffer

Nährwerte pro Portion
Kalorien (kcal): 470
Proteine (g): 35
Kohlenhydrate (g): 33
Fette (g): 22

Zubereitung

1 Rucola waschen, ein paar Minuten im Wasser liegen lassen und abtropfen. Tomaten waschen, Stielansatz entfernen, mit dem Mozzarella in dünne Scheiben schneiden.

2 Für das Omelette die Eier mit Wasser schaumig schlagen. Haferflocken, Proteinpulver und Petersilie unterrühren, würzen und etwa 2 Minuten quellen lassen.

3 Öl in einer Pfanne erhitzen, die Hälfte der Eimasse hineingeben, zu einem dünnen Pfannkuchen verstreichen. Bei mittlerer Hitze von jeder Seite etwa 1 ½ Minuten goldgelb braten, auf einen Teller legen.

4 Nacheinander die Hälfte Rucola, Tomaten und Mozzarella gleichmäßig auf einer Seite des Omelettes verteilen, die andere Seite darüberklappen. Das zweite Omelette genauso zubereiten, beide vor dem Servieren mit Balsamico beträufeln.

PANGASIUS schwimmt auf Tomaten-Zwiebel-Rührei

Fertig in nur 12 Minuten

Zutaten für 2 Portionen
› 2 Pangasiusfilets (à 150 g)
› 4 große Tomaten
› 1 kleine Zwiebel
› 1 EL Rapsöl, 4 Eier (Größe M)
› 2 TL frische oder tiefgefrorene Petersilie
› 2 Scheiben Roggenbrot (à 45 g)
› Salz, schwarzer Pfeffer, Basilikum, Oregano

Nährwerte pro Portion
Kalorien (kcal): 480 | Proteine (g): 45 |
Kohlenhydrate (g): 25 | Fette (g): 22

Zubereitung

1 Fischfilets unter fließendem kalten Wasser waschen, mit einem Küchentuch abtupfen, in mundgerechte Stücke schneiden. Tomaten waschen, trocknen und würfeln. Zwiebel schälen und fein würfeln.

2 Öl in der Pfanne erhitzen. Filetstücke mit Tomaten und Zwiebeln etwa 3 Minuten bei größerer Hitze braten, würzen und gelegentlich rühren.

3 Eier und Petersilie in einer Schüssel schaumig schlagen, Masse über den Fisch und die Tomaten geben. Bei mittlerer Hitze etwa 2 Minuten zum Stocken bringen. Dazu Roggenbrot essen.

Tipp
Wer mag, kann alle Zutaten auch in eine Auflaufform geben und die Fisch-Ei-Mischung etwa 15 Minuten bei 170 Grad fertig backen.

Außer Protein- oder Low-Carb-Brot kann beim Muskelaufbau auch Dinkel- oder Hafervollkornbrot Teil der Ernährung sein. Es liefert mehr Protein als herkömmliche Mischbrote (8 bis 10g/100 g).

BRATKÄSE MIT MANDELKRUSTE
auf pikantem Bohnen-Tomaten-Mus

Zutaten für 2 Portionen

› 200 g Hirtenkäse 30 % Fett i. Tr.
› 1 Ei (Größe L)
› 4 EL gehackte Mandeln
› 100 ml Olivenöl
› 2 große Tomaten
› 1 kleine Zwiebel
› 200 ml passierte Tomaten
› ½ TL Gemüsebrühe
› 1 TL Honig
› 1 große Dose weiße Bohnen (ca. 500 g)
› Salz, weißer Pfeffer, Oregano, Basilikum, Koriander, Kreuzkümmel

Nährwerte pro Portion
Kalorien (kcal): 500

Proteine (g): 33
Kohlenhydrate (g): 41
Fette (g): 28

Zubereitung

1 Käse auf Küchenpapier abtropfen, diagonal in zwei Stücke schneiden, in verquirltem Ei wenden, in Mandeln wälzen.

2 Öl in einer Pfanne erhitzen, den Käse etwa 3 Minuten von jeder Seite bei mittlerer Hitze braten. Aus der Pfanne nehmen, auf Küchenpapier entfetten.

3 Tomaten waschen, Stielansatz entfernen und in kleine Stücke schneiden. Zwiebel schälen und fein würfeln. Einen Esslöffel Öl vom gebratenen Käse nehmen und in einem Topf erhitzen, Tomaten und Zwiebel darin 1 Minute braten. Passierte Tomaten, Brühe und Honig hinzugeben, weitere 2 Minuten kochen. Mit Salz, Pfeffer, Oregano und Basilikum abschmecken.

4 Bohnen in einem Sieb abtropfen lassen und in einem hohen Gefäß mit 2 EL der Tomatensoße pürieren. Mit Salz, Koriander und Kreuzkümmel würzen. Das Mus mit der restlichen Soße und dem Käse servieren.

ZUCCHINI-GEMÜSE in Schinken-Käse-Soße {Extraviel Protein!}

Fertig in nur 15 Minuten

Zutaten für 2 Portionen

› 100 g Low-Carb-Nudeln
› 1 mittelgroße Zucchini
› 2 große Möhren
› 1 kleine Zwiebel
› 4 Scheiben Kochschinken
› 1 EL Rapsöl, 200 ml heißes Wasser
› 1 TL Gemüsebrühe (Pulver)
› 2 EL Kräuterfrischkäse < 20 % Fett
› 100 g Gorgonzola
› Salz, weißer Pfeffer, Kreuzkümmel, Koriander

Nährwerte pro Portion
Kalorien (kcal): 475 | Proteine (g): 60 | Kohlenhydrate (g): 11 | Fette (g): 34

Zubereitung

1 Nudeln nach Packungsanweisung garen.

2 Zucchini und Möhren waschen, die Enden entfernen, dann vierteln und in dünne Scheiben schneiden. Die Zwiebel schälen und klein würfeln. Die Kochschinken-Scheiben halbieren und in feine Streifen schneiden.

3 Öl in einem Topf erhitzen und das Gemüse etwa 2 Minuten bei größerer Hitze braten, dabei ab und zu umrühren. Mit dem heißen Wasser auffüllen und die Brühe unterrühren. Mit Gewürzen abschmecken und etwa 2 Minuten mit geschlossenem Deckel kochen lassen.

4 Frischkäse und Gorgonzola unterrühren. Schinken hinzugeben und 1 weitere Minute kochen lassen. Nochmals würzen. Zu guter Letzt die Soße über die vorbereiteten Nudeln geben.

Fertig in nur
18 Minuten

SCHINKEN AUF EISBERG

Dazu knackige Knabber-Krusten

Diese Chips sind reich an Protein

Zutaten für 2 Portionen

› ½ Kopf Eisbergsalat
› 2 mittelgroße Möhren
› 1 süßsaurer Apfel
› 2 EL Branntweinessig
› 100 g fettarmer Joghurt
› 1 TL mittelscharfer Senf
› 1 TL flüssiger Honig
› 2 TL tiefgefrorene Kräutermischung
› 80 g Knabber-Krusten-Chips (gebackene Schweineschwarte)
› 4 Scheiben Kochschinken (à 30 g)
› Salz, schwarzer Pfeffer, Muskat

Nährwerte pro Portion

Kalorien (kcal): 395
Proteine (g): 43
Kohlenhydrate (g): 22
Fette (g): 15

Zubereitung

1 Eisbergsalat halbieren, waschen, trocknen und klein schneiden. Möhren schälen, Enden entfernen und mit dem Apfel waschen, trocknen, raspeln. Salat und die Raspel in einer Schüssel mischen.

2 Für das Dressing Branntweinessig mit Joghurt, Senf, Honig und Kräutermischung glatt rühren, mit den Gewürzen kräftig abschmecken, unter den Salat heben. Den Salat auf Tellern anrichten.

3 Kochschinken halbieren, zu Röllchen aufwickeln und auf den Salat legen. Dazu die Knabber-Krusten essen.

MINUTENSTEAKS in Mango-Curry-Schmand

Fertig in nur 15 Minuten

Zutaten für ca. 2 Portionen

› 1 rote Paprika
› ½ Mango
› 1 große Zwiebel
› 2 EL Rapsöl
› 2 dünne Schweinesteaks (à 90 g)
› 300 g Tiefkühl-Erbsen
› 2 TL Curry
› 300 ml heißes Wasser
› 2 TL Gemüsebrühe (Pulver)
› 100 g saure Sahne
› Salz, weißer Pfeffer, Cayennepfeffer, Kreuzkümmel

Nährwerte pro Portion

**Kalorien (kcal): 395 | Proteine (g): 34 |
Kohlenhydrate (g): 34 | Fette (g): 14**

Zubereitung

1 Paprika halbieren, entkernen, waschen und klein schneiden. Mango schälen, das Fruchtfleisch vom Stein lösen, würfeln. Zwiebel schälen und fein würfeln.

2 1 EL Öl in einer Pfanne erhitzen und die Steaks etwa 1 Minute von jeder Seite bei größerer Hitze braten. Dann aus der Pfanne nehmen, auf Küchenpapier entfetten.

3 Restliches Öl in die Pfanne geben und darin Erbsen, Paprika, Zwiebel und Mango etwa 2 Minuten bei größerer Hitze braten, dabei gelegentlich rühren. Danach mit dem Curry bestreuen und noch ½ Minute braten, gelegentlich rühren. Anschließend Wasser, Brühe und Fleisch hinzugeben, 3 Minuten mit geschlossenem Deckel kochen. Mit den Gewürzen kräftig abschmecken. Kurz vor dem Servieren saure Sahne unterheben.

Wer eine Diät startet, hat oft wegen der Ernährungsumstellung Verdauungsprobleme. Dann hilft Curry. Das Gewürz enthält das bioaktive Curcumin – prima gegen Völlegefühl und Blähbauch.

KOHLRABI-PILZ-GEMÜSE
mit deftigen Kabanossischeiben

Zutaten für 2 Portionen

› 2 mittelgroße Kohlrabi
› 200 g weiße Champignons
› 1 kleine Zwiebel
› 2 Kabanossi (à ca. 80 g)
› 1 EL Olivenöl
› 200 ml heißes Wasser
› 1 TL Gemüsebrühe (Pulver)
› 2 EL Kräuterfrischkäse < 20 % Fett
› 2 TL Tiefkühl-Kräutermischung
› Salz, weißer Pfeffer, Muskat

Nährwerte pro Portion
Kalorien (kcal): 443
Proteine (g): 22
Kohlenhydrate (g): 10
Fette (g): 35

Zubereitung

1 Kohlrabi schälen, waschen und würfeln. Pilze mit einem feuchten Küchentuch säubern, dann vierteln. Zwiebel schälen und würfeln. Kabanossi in dünne Scheiben schneiden.

2 Öl in einer Pfanne erhitzen, Kohlrabi und Pilze etwa 3 Minuten bei größerer Hitze mit geschlossenem Deckel dünsten, dabei gelegentlich umrühren.

3 Wasser, Brühe und Kabanossi hinzugeben und etwa 4 Minuten bei mittlerer Hitze kochen lassen. Frischkäse unterheben, eine weitere Minute kochen lassen. Mit Kräutern und Gewürzen abschmecken.

Gut zu wissen

Das Sonnenvitamin D kann unser Körper selbst bilden – vor allem durch den Hautkontakt mit hellem Tageslicht. Im sonnenarmen Winter können wir ein wenig nachhelfen: mit Vitamin-D-reicher Nahrung (z. B. Pilze, Hering, Lachs, Margarine) und wenn nötig über eine Nahrungsergänzung.

Auch für den Aufbau fettfreier Muskeln spielt Vitamin D eine wichtige Rolle. Eine Studie wies nach, dass es einen Rezeptor der Proteinsynthese stimuliert – unerlässlich für Muskelaufbau und -kraft.

VEGETARISCHES RAGOUT mit Eiern und Nüssen

Fertig in nur 15 Minuten

Zutaten für ca. 2 Portionen

› 2 hart gekochte Eier
› 1 mittelgroße Zucchini
› ½ Aubergine
› 1 rote Paprika
› 1 große Zwiebel
› 2 EL Öl
› 1 EL Tomatenmark
› 1 TL Paprika edelsüß
› 200 ml heißes Wasser
› 2 TL Gemüsebrühe (Pulver)
› 60 g Erdnüsse
› 2 TL frische oder Tiefkühl-Petersilie
› Salz, schwarzer Pfeffer, Majoran, Thymian

Nährwerte pro Portion
Kalorien (kcal): 450 | Proteine (g): 20 | Kohlenhydrate (g): 16 | Fette (g): 34

Zubereitung

1 Eier pellen und würfeln. Zucchini waschen, Enden entfernen, in Stücke schneiden. Aubergine halbieren, Stielansatz entfernen und klein würfeln. Paprika halbieren, entkernen, waschen, in mundgerechte Stücke schneiden. Zwiebel schälen und klein würfeln.

2 Öl in einem Topf erhitzen, Aubergine, Paprika und Zwiebel etwa 2 Minuten bei größerer Hitze mit geschlossenem Deckel dünsten, ab und zu umrühren. Dann Zucchini, Tomatenmark und Paprikapulver hinzugeben, etwa 1 Minute braten. Mit Wasser und Brühe auffüllen, weitere 2 Minuten dünsten und würzen.

3 Kurz vor dem Servieren die Eiwürfel und Erdnüsse übers Ragout geben.

Fertig in nur
15 Minuten

MEATBALLS

in Paprika-Tomaten-Soße

Zutaten für 2 Portionen

› 2 grüne Paprika
› 2 gelbe Paprika
› 1 Knoblauchzehe
› 1 TL Olivenöl
› 14 fertige Mini-Hackbällchen (ca. 250 g)
› 300 ml passierte Tomaten
› 100 ml heißes Wasser
› ½ TL Gemüsebrühe (Pulver)
› Salz, schwarzer Pfeffer, Majoran

Zubereitung

1 Paprika halbieren, entkernen, waschen, in grobe Würfel schneiden. Die Knoblauchzehe schälen und fein würfeln.

2 Öl in einer Pfanne erhitzen und Paprika mit Knoblauch bei größerer Hitze etwa 2 Minuten braten. Hackbällchen hinzugeben und mit geschlossenem Deckel etwa 2 Minuten braten. Ab und zu rühren.

3 Mit passierten Tomaten und Wasser auffüllen, die Brühe unterrühren und mit den Gewürzen abschmecken und 1 Minute weiter kochen lassen.

Tipp

Ihr Lieblingsgericht? Damit es nie langweilig wird, die Fleischbällchen einfach auch mal durch gegrilltes Fleisch (z. B. Schweinelende, Roastbeef) oder Fisch (z. B. Seelachs, Kabeljau, Pangasius) ersetzen.

Tipp

Meatballs lassen sich auch schnell selbst zubereiten: einfach 250 g frisches Hack mit Senf, Röstzwiebeln, Salz, Pfeffer und Muskat vermischen und zu kleinen Frikadellen formen.

Während des Muskelaufbaus wird je nach Intensität und Dauer des Trainings eine Kohlenhydratzufuhr von 3 bis 5 g pro Kilogramm Körpergewicht empfohlen. Heißt: Für einen Athleten, der 1 Stunde mäßig intensiv trainiert, genügen 3 g. Das wären bei einem 70-Kilo-Athleten ca. 200 g Kohlenhydrate pro Tag.

Nährwerte pro Portion
Kalorien (kcal): 400
Proteine (g): 36
Kohlenhydrate (g): 10
Fette (g): 24

OMELETTE MIT GEMÜSE
Das schmeckt nach Italien

Zutaten für 2 Portionen

› 1 mittelgroße Zucchini
› 2 kleine Möhren
› 1 rote Paprika
› 1 grüne Pfefferschote
› ¼ Stange Porree
› 2 EL Olivenöl
› 4 Eier (Größe L)
› 100 ml Mineralwasser
› 60 g geriebener Parmesan
› Salz, schwarzer Pfeffer, Masala

Zubereitung

1 Gemüse waschen, trocknen, bei Paprika und Pfefferschote das Kerngehäuse entfernen. Zucchini, Möhren und Paprika klein würfeln, Pfefferschote und den Porree in dünne Scheiben schneiden.

2 Öl in der Pfanne erhitzen und das gesamte Gemüse (außer dem Porree) etwa 3 Minuten bei größerer Hitze braten, dabei ab und zu rühren. Porree hinzugeben und 1 weitere Minute braten. Mit den Gewürzen abschmecken.

3 Eier mit dem Mineralwasser und dem Parmesan glatt rühren, dann gleichmäßig über das Gemüse geben. Einen Deckel auf die Pfanne legen und die Eiermasse bei mittlerer Hitze etwa 6 Minuten garen. Das Omelette halbieren und servieren.

Tipp

Der Parmesan kann auch durch geriebenen Mozzarella ersetzt werden.

Gut zu wissen

Eier enthalten auf 100 g nicht nur 13 g wertvolle Proteine, sondern auch lebensnotwendige Vitamine und Mineralien wie Folsäure, Vitamin B12, Vitamin D, Calcium, Eisen und Zink. Also gerne in den Speiseplan einbauen!

 Eier liefern das Vitamin B6, das der Körper für den Muskelaufbau benötigt.

 Beim Abnehmen hauptsächlich frisches Gemüse essen – am besten viel. Es enthält kaum Zucker und liefert zudem viele Vitalstoffe. Eine Unterversorgung kann die Stoffwechselprozesse verlangsamen und somit auch den Abbau der überflüssigen Speckröllchen. Zudem stecken immunschützende Nährstoffe (z. B. Betacarotin, Lycopene) drin, die in der Diät das Immunsystem stärken.

Nährwerte pro Portion

Kalorien (kcal): 525
Proteine (g): 35
Kohlenhydrate (g): 13
Fette (g): 37

Fertig in nur
16 Minuten

GEFÜLLTE PFANNKUCHEN
Für jede Menge Ausdauer-Power

Zutaten für 2 Portionen

› 1 Ei (Größe M)
› 125 ml Wasser
› 80 g Weizenmehl Type 1050
› 2 EL Olivenöl

Für die Füllung

› 1 mittelgroße Möhre
› ½ Stange Porree
› 120 g Hackfleisch halb und halb
› 200 g körniger Frischkäse < 2,5 % Fett
› Salz, weißer Pfeffer, Muskat, Majoran

Zubereitung

1 Ei mit Wasser und Mehl glatt rühren. Kräftig mit Salz würzen. Öl in der Pfanne erhitzen und aus der Teigmasse zwei große Pfannkuchen ausbacken. Danach auf Küchenpapier entfetten und im Kühlschrank kalt stellen.

2 Möhre waschen, Wurzel- und Stielansatz entfernen. Porree halbieren und unter fließendem kalten Wasser waschen. Möhren halbieren und mit dem Porree in dünne Scheiben schneiden.

3 Hack ohne Fett in der Pfanne bei mittlerer Hitze etwa 3 Minuten braten, dabei ab und zu rühren. Gemüse hinzugeben und weitere 3 Minuten mit geschlossenem Deckel braten und würzen.

4 Eine Seite des Pfannkuchens mit Frischkäse bestreichen. Die Gemüse-Hack-Mischung darüber verteilen und die Pfannkuchen vorsichtig einrollen.

Nährwerte pro Portion

Kalorien (kcal): 500
Proteine (g): 34
Kohlenhydrate (g): 34
Fette (g): 25

Fertig in nur 12 Minuten

Tipp:

Je höher die Typen-Bezeichnung des Mehls, desto vollwertiger ist es. Die Type 1050 steht für Weizen-Vollkornmehl.

Rohkost wie Möhren sollte man beim Abnehmen öfter in die Hauptmahlzeiten einbauen, denn sie müssen länger gekaut werden. Das fördert ein schnelleres Sättigungsgefühl und spart so Kalorien ein. In diesem Gericht können Sie die Möhren auch zu Sticks schneiden und am Schluss roh mit einrollen.

KASSELER-EINTOPF mit Wurzelgemüse

Fertig in nur 12 Minuten

Zutaten für 2 Portionen

› 4 Scheiben Kasseler (à 80 g)
› 1 Stange Porree
› 6 mittelgroße Möhren
› 2 TL Gemüsebrühe (Pulver)
› 400 ml Wasser
› 50 g saure Sahne
› Salz, weißer Pfeffer, Muskat, Kreuzkümmel

Zubereitung

1 Kasseler in Stücke schneiden. Beim Porree Wurzelansatz entfernen, dann halbieren und in dünne Scheiben schneiden, kurz im Sieb kalt abduschen. Möhren waschen, Wurzelansatz entfernen, halbieren, in dünne Scheiben schneiden.

2 Möhren und Kasseler mit Brühe und Wasser in einem Topf etwa 6 Minuten bei größerer Hitze und mit geschlossenem Deckel kochen. Anschließend Porree hinzufügen, mit den Gewürzen abschmecken und 2 Minuten kochen.

3 Auf Tellern anrichten und die saure Sahne darübergeben.

Gut zu wissen

Wurzelgemüse sind geniale Wasser- und Mineralstoffspender. Die Mineralien sorgen für einen gleichmäßigen Nährstoffstrom und Energiefluss zu den Körperzellen. Das hält die mentale und muskuläre Leistungsfähigkeit auf hohem Niveau.

In der Wettkampfdiät verbannen viele Athleten Natrium vom Speiseplan, um die Muskelschärfe herauszuarbeiten. Dabei ist Natrium bzw. Kochsalz wie im Kasseler gerade in der Entwässerungsphase wichtig. Es hält den Muskeltonus hoch, sorgt für gleichmäßige Verteilung der Flüssigkeit im Gewebe.

Für die Muskeldefinition

Nährwerte pro Portion

Kalorien (kcal): 390 | Proteine (g): 30 | Kohlenhydrate (g): 23 | Fette (g): 20

PUTENSTEAKS

zu Zucchini-Schafskäsecreme

Zutaten für 2 Portionen
› 1 TL Thymian
› 1 TL Paprika rosenscharf
› 1 Prise schwarzer Pfeffer
› 2 EL Olivenöl
› 4 kleine Putensteaks (à 60 g)

Für die Schafskäsecreme
› 2 mittelgroße Zucchini
› 1 kleine Zwiebel
› 1 TL Butter
› 100 ml heißes Wasser
› 1 TL Gemüsebrühe (Pulver)
› 100 g Schafskäse
› 150 g Magerquark

› 100 g Dickmilch 3,5 % Fett
› Salz, schwarzer Pfeffer, Thymian

Zubereitung

1 Thymian, Paprikapulver und Öl in einer Schüssel mischen, eine kräftige Prise Pfeffer zugeben. Steaks mit der Marinade mischen. Öl in der Pfanne erhitzen, das Fleisch von jeder Seite 4 Minuten braten und auf Küchenpapier entfetten.

2 Zucchini waschen, trocknen, die Enden entfernen, in kleine Stücke schneiden. Dann die Zwiebel schälen und fein würfeln.

3 Butter bei mittlerer Hitze in einem Topf schmelzen. Zucchini und Zwiebel etwa 2 Minuten bei mittlerer Hitze dünsten. Mit Salz und Pfeffer würzen und mit Wasser und Brühe auffüllen, etwa 3 Minuten mit geschlossenem Deckel bei mittlerer Hitze kochen. Dann vom Herd nehmen und ca. 3 Minuten auskühlen lassen.

4 Schafskäse mit einer Gabel zerdrücken und mit Quark und Dickmilch glatt rühren. Das Zucchinigemüse unterrühren, würzen und zu den Steaks reichen.

HÄHNCHENPFANNE mit hot Chicorée

Fertig in nur 15 Minuten

Zutaten für ca. 2 Portionen
› 2 Hähnchenbrustfilets (à 150 g)
› 2 EL Rapsöl
› 3 Stauden Chicorée
› ¼ Stück Salatgurke
› 1 rote Paprika
› 1 kleiner süßsaurer Apfel
› 2 EL mittelscharfer Senf
› 100 ml heißes Wasser
› 1 TL Gemüsebrühe (Pulver)
› 100 g saure Sahne
› 2 TL frischer oder Tiefkühl-Dill
› Saft von ½ Zitrone
› Salz, schwarzer Pfeffer, Koriander

Nährwerte pro Portion
Kalorien (kcal): 410 | Proteine (g): 40 | Kohlenhydrate (g): 18 | Fette (g): 20

Zubereitung

1 Fleisch in Würfel schneiden. Chicorée halbieren, Strunk entfernen, die Hälften in fingerdicke Scheiben schneiden und auf einem Sieb kurz abschrecken. Salatgurke waschen, trocknen, vierteln und in dünne Scheiben schneiden. Paprika und Apfel entkernen, waschen und klein würfeln.

2 Öl erhitzen, Fleisch bei mittlerer Hitze von beiden Seiten etwa 3 Minuten braten. Chicorée, Gurke, Paprika und Apfel

zufügen. Alles weitere 2 Minuten braten, dann die Pfanne vom Herd nehmen.

3 Senf, Wasser und Brühe mischen, saure Sahne mit Dill und Zitronensaft zugeben und würzen – in die Pfanne rühren.

 Übergewicht entsteht u.a. durch Schlafmangel. Geflügel liefert die Aminosäure Tryptophan, die zur Bildung der Botenstoffe Serotonin und Melatonin beiträgt, die auch für guten Schlaf mitverantwortlich sind.

Fertig in nur
20 Minuten

Nährwerte pro Portion
Kalorien (kcal): 500
Proteine (g): 52
Kohlenhydrate (g): 9
Fette (g): 28

BOHNEN-PAPRIKA-SALAT mit Schinken-Ei

Fertig in nur 15 Minuten

Zutaten für 2 Portionen

› 1 kleine Dose Kidneybohnen (255 g)
› 120 g Kochschinken gewürfelt
› 2 grüne Paprika
› 2 gelbe Paprika
› 1 kleine Zwiebel
› 1 EL frischer oder Tiefkühl-Basilikum
› 2 hart gekochte Eier
› 4 EL dunkler Balsamico-Essig
› 2 TL Walnussöl
› Salz, weißer Pfeffer, Kreuzkümmel

Nährwerte pro Portion

Kalorien (kcal): 410 | Proteine (g): 29 | Kohlenhydrate (g): 40 | Fette (g): 15

Zubereitung

1 Kidneybohnen in einem Sieb abtropfen. Paprika entkernen, waschen und würfeln. Zwiebel schälen, in dünne Scheiben schneiden. Basilikum waschen, trocken, klein zupfen. Eier pellen und würfeln.

2 Bohnen, Paprika, Zwiebeln und Basilikum in einer Schüssel mit den Schinken- und Eiwürfeln vermengen. Mit Balsamico-Essig, Walnussöl und Gewürzen abschmecken.

Ausdauersportler sollten 3 bis 4 Stunden vor der Langzeitbelastung möglichst auf Ballaststoffe sowie protein- und fettreiche Speisen verzichten.

{Sixpack-Maker}

GETUNTER THUNFISCH in buntem Cottage Cheese

Fertig in nur 8 Minuten

Zutaten für 2 Portionen

› 2 kleine Dosen Thunfisch in Öl (à 125 g)
› 1 gelbe Paprika
› 1 rote Paprika
› 1 mittelgroße Zucchini
› 1 kleiner süßsaurer Apfel
› Saft von 1 Zitrone
› 50 g saure Sahne
› 2 TL Tiefkühl-Kräutermischung
› 200 g körniger Frischkäse < 2,5 % Fett
› Salz, schwarzer Pfeffer, Kreuzkümmel, Kurkuma

Nährwerte pro Portion

Kalorien (kcal): 490
Proteine (g): 42
Kohlenhydrate (g): 20
Fette (g): 27

Zubereitung

1 Thunfisch in einem Sieb abtropfen lassen. Gemüse und Obst waschen, trocknen. Paprika vierteln, entkernen, klein würfeln. Den Apfel vom Kerngehäuse schneiden, mit der Zucchini ebenfalls würfeln.

2 Paprika, Zucchini und Apfel mit Zitronensaft und Kräutern verrühren. Saure Sahne, Frischkäse und Fisch hinzugeben, alles mischen und würzen.

Thunfisch ist erstklassiger Lieferant für die Mineralstoffe Selen und Jod. Beide sind wichtig für die Bildung von Schilddrüsenhormonen, die auch den Protein-, Fettstoffwechsel und das Muskelwachstum steuern.

RADIESCHEN-GURKEN-SALAT
mit Fetakäse

Super für Low Carb

Zutaten für 2 Portionen
› 1 ½ Bund Radieschen
› 1 Stange Lauchzwiebel
› 1 Salatgurke
› 2 TL Tiefkühl-Dill
› 125 g Rucola
› 6 EL dunkler Balsamico-Essig
› 1 EL Rapsöl
› 200 g Fetakäse
› Salz, schwarzer und weißer Pfeffer

Zubereitung

1 Bei Radieschen und Lauchzwiebel Stiel- und Wurzelansätze entfernen, waschen und in dünne Scheiben schneiden. Gurke waschen, trocknen, Enden entfernen und halbieren. Kerngehäuse mit einem Teelöffel herauskratzen und die Gurkenhälften in dünne Scheiben schneiden.

2 Radieschen, Lauchzwiebel, Gurke und Dill in einer Schüssel mit Salz und weißem Pfeffer würzen, vermengen. Rucola gründlich waschen und einige Minuten in kaltem Wasser liegen lassen. Anschließend trocken schleudern, klein schneiden und unters Gemüse heben.

3 Balsamico-Essig mit Rapsöl und zerbröseltem Fetakäse unter das Gemüse heben.

Tipp
Wer keine Gurke mag, sollte Zucchini nehmen. Die Scheiben mit wenig Öl braten, mit Kreuzkümmel und Thymian würzen.

Gut zu wissen
Fetakäse wird aus Schafs- und Ziegenmilch auf traditionelle griechische Art zubereitet. Deshalb ist Fetakäse ein geschützter Name. Hirtenkäse oder ähnlich benannte Salzlakenkäse hingegen werden aus reiner Kuhmilch gewonnen. Schafskäse schmeckt säuerlich-salzig und kann nach schweißtreibendem Ausdauersport verloren gegangene Mineralien (vor allem das Salz) wieder ausgleichen.

In einer Low-Fat-Ernährung den Fetakäse durch fettarmen Scheibenkäse (< 30 % Fett i.Tr.) oder gebratenes mageres Fleisch (z.B. Hähnchenbrust) ersetzen. Dieses nach dem Braten mit Küchenkrepp abtupfen.

Fertig in nur 12 Minuten

Ballaststoff-Bombe

Nährwerte pro Portion
Kalorien (kcal): 460
Proteine (g): 25
Kohlenhydrate (g): 26
Fette (g): 28

RÄUCHERFORELLEN-CREME
zu grünem Gemüsepüree

Zutaten für ca. 2 Portionen
- › 500 g frische oder Tiefkühl-Brokkoliröschen
- › ½ TL Muskat
- › 1 TL Gemüsebrühe (Pulver)
- › 2 Räucherforellen (à 125 g)
- › ½ süßsaurer Apfel
- › 2 Stangen Lauchzwiebeln
- › 100 g Kräuterfrischkäse < 20 % Fett
- › 100 g Dickmilch 3,5 % Fett
- › 2 TL geriebener Meerrettich a. d. Glas
- › 1 EL Zitronensaft
- › Salz, weißer Pfeffer

Nährwerte pro Portion
Kalorien (kcal): 420
Proteine (g): 44
Kohlenhydrate (g): 22
Fette (g): 17

Zubereitung

1 Salzwasser zum Kochen bringen, mit Muskat und Brühe würzen. Brokkoli darin etwa 8 Minuten bei mittlerer Hitze mit geschlossenem Deckel bissfest kochen.

2 Forellen mit einer Gabel zerdrücken. Den Apfel waschen und klein würfeln. Frühlingszwiebeln waschen, Wurzelansatz entfernen, in dünne Röllchen schneiden. Frischkäse mit Dickmilch und Meerrettich glatt rühren. Räucherforelle mit Apfel, Frühlingszwiebeln und Zitronensaft unter die Frischkäse-Creme rühren. Würzen.

3 Brokkoli auf ein Sieb zum Abtropfen geben. Anschließend in ein hohes Gefäß geben und mit einem Pürierstab zerkleinern. Zur Forellencreme servieren.

FISCHBULETTEN mit Brokkoli-Karotten-Salat

Fertig in nur 18 Minuten

Zutaten für 2 Portionen
- › 2 große frische Kabeljaufilets (à 200 g)
- › Saft von 1 Zitrone
- › 2 TL gelbe Currypaste
- › 1 EL Worcestersoße
- › 1 Eiweiß
- › 2 TL Tiefkühl-Petersilie
- › 100 ml Olivenöl

Für den Salat
- › 500 g Tiefkühl-Brokkoli
- › 1 TL Gemüsebrühe (Pulver)
- › 400 ml heißes Wasser
- › 2 große Karotten
- › 2 TL Honig

- › 2 EL saure Sahne
- › Salz, weißer Pfeffer, Muskat

Nährwerte pro Portion
Kalorien (kcal): 500 | Proteine (g): 58 |
Kohlenhydrate (g): 25 | Fette (g): 18

Zubereitung

1 Kabeljaufilets in grobe Stücke schneiden. 1 EL Zitronensaft darüberträufeln. Fisch mit Currypaste und Worcestersoße mit einem Pürierstab zerkleinern, Petersilie und Eiweiß unterrühren.

2 Fischmasse zu flachen Talern formen, im heißen Öl bei mittlerer Hitze etwa 5 Mi-

Eiweiß-Bombe

nuten braten, dabei wenden. Auf Küchenpapier entfetten.

3 Brokkoli in eine Schüssel geben, Gemüsebrühe und das heiße Wasser darübergeben. Brokkoli mit Deckel zugedeckt bei 600 Watt in der Mikrowelle etwa 8 Minuten garen.

4 Karotten waschen, Wurzelansatz entfernen und raspeln. Dann Brokkoli, Honig, restlichen Zitronensaft und saure Sahne zu den Karotten geben, vermengen und würzen. Zu den Fischbuletten servieren.

Fertig in nur
15 Minuten

CORNED BEEF MIT REMOULADE
und knackigen Gemüsesticks

Zutaten für 2 Portionen

½ Gurke
6 mittelgroße Möhren
2 Bund Radieschen
40 g Remouladensoße a. d. Tube
100 g fettarmer Frischkäse < 20 % Fett
300 g Corned-Beef-Aufschnitt in Scheiben

Nährwerte pro Portion
Kalorien (kcal): 370
Proteine (g): 41
Kohlenhydrate (g): 10
Fette (g): 18

Zubereitung

1 Gemüse waschen und trocknen. Gurke und Möhren in grobe Stifte schneiden. Radieschen halbieren.

2 Remouladensoße mit dem Frischkäse verrühren, auf den Corned-Beef-Scheiben verteilen. Diese zusammenklappen und mit Gemüsesticks anrichten.

Tipp

Corned Beef gibt es als Aufschnitt oder Dosenfleisch, wobei Aufschnitt weniger Salz enthält.

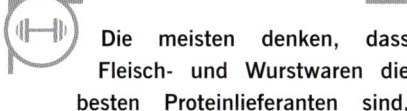

Die meisten denken, dass **Fleisch- und Wurstwaren die besten Proteinlieferanten sind,** dabei liefern Hülsenfrüchte, Milch- und Milchprodukte mehr von den (semi-)essentiellen Aminosäuren. Die Rede ist besonders von den BCAA (Leucin, Valin, Isoleucin) und Glutamin, die zum Großteil in der Muskulatur vorkommen. Sie können bei erschöpften Energiespeichern zu Zucker im Energiestoffwechsel umgebaut werden.

ROASTBEEF-KRANZ um Eiersalat {Trotz Brot Low Carb}

Fertig in nur 10 Minuten

Zutaten für 2 Portionen

› 2 Eier
› 6 kleine Gewürzgurken (Cornichons)
› 300 g Hüttenkäse
› 2 EL saure Sahne
› 2 TL Dijon-Senf
› 2 TL Tiefkühl-Dill
› 16 dünne Scheiben Roastbeef (à 15 g)
› 2 Scheiben Roggenbrot (à 45 g)
› Salz, weißer Pfeffer, Paprika edelsüß

Nährwerte pro Portion
Kalorien (kcal): 488 | Proteine (g): 53 | Kohlenhydrate (g): 24 | Fette (g): 20

Zubereitung

1 Die Eier in siedendes Salzwasser gleiten lassen und etwa 8 Minuten hart kochen. Gewürzgurken halbieren und in kleine Würfel schneiden. Hüttenkäse, saure Sahne, Dijon-Senf und Dill mit den Gewürzgurken mischen.

2 Eier unter fließendem kalten Wasser abschrecken, pellen, klein würfeln. Unter den Hüttenkäse rühren, kräftig würzen.

3 Roastbeefscheiben kranzförmig auf den Teller legen, den Eiersalat in die Mitte füllen. Zum Roggenbrot servieren.

Eine proteinreiche Ernährung **ist nicht nur für den Muskelaufbau wichtig, sondern auch für den Muskelerhalt** in der Diätphase. Deshalb können Sie beim Abnehmen mehr als 2 g je Kilogramm Körpergewicht Protein zu sich nehmen. Außerdem: das Roggen- durch Low-Carb- oder Protein-Brot ersetzen.

SCHARFE STECKRÜBEN mit Rinderhack

Fertig in nur 18 Minuten

Zutaten für 2 Portionen

› 1 mittelgroße Steckrübe (ca. 600 g)
› 3 Stangen Lauchzwiebeln
› 1 EL Olivenöl
› 200 g mageres Rinder- oder Putenhackfleisch
› 2 TL Tomatenmark
› 1 TL Paprika rosenscharf
› ½ TL Cayennepfeffer
› 200 ml heißes Wasser
› 1 TL Gemüsebrühe (Pulver)
› 200 g körniger Frischkäse < 2,5 % Fett
› Salz, schwarzer Pfeffer, Muskat

Nährwerte pro Portion

Kalorien (kcal): 445 | Proteine (g): 37 | Kohlenhydrate (g): 20 | Fette (g): 24

Zubereitung

1 Steckrübe schälen, waschen und klein würfeln. Lauchzwiebeln in feine Streifen schneiden.

2 Öl im Topf erhitzen und das Rinderhackfleisch mit den Steckrübenwürfeln etwa 3 Minuten bei größerer Hitze braten, ab und zu rühren. Dann Tomatenmark, Paprikapulver und Cayennepfeffer unterrühren, noch ½ Minute braten.

3 Gemüsebrühe und heißes Wasser dazugeben, würzen und die Steckrübenpfanne etwa 6 Minuten mit geschlossenem Deckel bei großer Hitze kochen.

4 Etwa 2 Minuten vor Garende die Lauchzwiebelstreifen unterrühren und nochmals mit den Gewürzen abschmecken. Die scharfe Steckrübenpfanne auf Teller füllen, den Frischkäse darübergeben.

Tipp

Bei einer Low-Fat-Ernährung nehmen Sie mageres Fleisch wie Tatar oder Putenhack.

TOMATEN-HACK-AUFLAUF unter geschmolzenem Mozzarella

Fertig in nur 12 Minuten
plus Backzeit

Zutaten für 2 Portionen

› 2 Fleischtomaten
› 1 mittelgroße Zucchini
› 200 g mageres Rinderhack
› 300 ml passierte Tomaten
› 1 TL Gemüsebrühe (Pulver)
› 1 EL frisches oder Tiefkühl-Basilikum
› 150 g geriebener Mozzarella 8,5 % Fett
› Salz, weißer Pfeffer, Majoran

Nährwerte pro Portion

Kalorien (kcal): 375 | Proteine (g): 38 | Kohlenhydrate (g): 13 | Fette (g): 19

Zubereitung

1 Backofen auf 170 Grad vorheizen. Fleischtomaten und Zucchini waschen, Stielansatz an den Tomaten entfernen, beides in mundgerechte Stücke schneiden.

2 Hack und Gemüse vermengen, in einer Auflaufform verteilen. Passierte Tomaten mit Brühe, Basilikum und Gewürzen abschmecken, dann gleichmäßig übers Hack-Gemüse gießen.

3 Mozzarella darüberstreuen und auf der mittleren Schiene im Ofen etwa 20 Minuten fertig backen.

Tipp

Fischfans sollten den Auflauf unbedingt mit Pangasius probieren – schmeckt sensationell!

Ausdauersportler haben aufgrund der Belastung einen erhöhten Sauerstoffumsatz, wodurch der oxidative Stress durch freie Radikale ansteigt. In Tomaten stecken die Vitamine A, C und E, die dagegenwirken und somit die Immunfunktion stärken.

SAFTIGE RINDERHACKSTEAKS
mit hot Bacon & Beans

Zutaten für 2 Portionen

› 200 g mageres Rinderhackfleisch
› 2 rote Peperoni
› 1 große Zwiebel
› 100 ml Olivenöl
› 400 g grüne Tiefkühl-Bohnen
› 2 EL Baconwürfel
› 1 TL Paprika rosenscharf
› 1 TL Majoran
› 150 ml heißes Wasser
› 1 TL Gemüsebrühe (Pulver)
› 2–4 EL Barbecue-Soße
› Salz, schwarzer Pfeffer, Kreuzkümmel, Muskat

Nährwerte pro Portion

Kalorien (kcal): 450
Proteine (g): 25
Kohlenhydrate (g): 20
Fette (g): 30

Zubereitung

1 Rinderhack in einer Schüssel kräftig würzen. Peperoni halbieren, Stielansatz entfernen, entkernen, waschen und in sehr feine Scheiben schneiden. Zwiebel schälen, halbieren und klein würfeln.

2 Peperoni und die eine Hälfte der Zwiebel zum Hack geben und vermengen. Mit den Händen zu 4 flachen Steaks formen.

3 Die Steaks im heißen Öl etwa 4 Minuten bei mittlerer Hitze von jeder Seite braten. Auf Küchenpapier entfetten.

4 Bohnen in der Mikrowelle auftauen und in mundgerechte Stücke schneiden. Einen Esslöffel Öl von den Hacksteaks nehmen und für das Bohnengemüse in einen Topf geben. Die Bohnen und die restliche Zwiebel etwa 1 Minute darin braten.

5 Bacon, Paprikapulver und Majoran hinzugeben, verrühren und etwa 1 Minute weiterbraten. Mit heißem Wasser, Brühe und der Barbecue-Soße auffüllen und etwa 2 Minuten bei mittlerer Hitze kochen lassen. Bacon-Bohnen mit den Hacksteaks servieren.

Gut zu wissen

Peperoni hat eine Schärfe von 100–500 Scoville. Der Schärfegrad wird bestimmt durch die Wahrnehmung des Scharfstoffes (Capsaicin) auf der Zunge und die erforderliche Wassermenge, die man zur Verdünnung benötigt, um keine Schärfe mehr festzustellen. Da der Toleranzbereich der Schärfe von Mensch zu Mensch verschieden ist, wird der Wert meist in großen Streubreiten angegeben: So braucht man beispielsweise für Peperoni nur 100–500 Milliliter Wasser, um keine Schärfe mehr zu verspüren. Bei reinem Cayennepfeffer hingegen 30 000–50 000 Milliliter Wasser!

Fertig in nur 16 Minuten

Effektive Abnehm-Helfer

Ob Eiweiß-Shake, Protein-Riegel oder Low-Carb-Pizza –
bei Body Attack und JabuVit finden Sie zahlreiche
Produkte für die schlanke Linie.

BA 100 % Casein Protein Shake

Dieser Eiweiß-Shake erfüllt gleich mehrere Aufgaben: Er eignet sich zum Backen, dient der Muskelerhaltung und sättigt sehr gut.

BA Carb Control & Yambam Bar Protein Riegel

Lust auf Süßes, aber bitte Low Carb! Dann ist der Riegel das Richtige für alle, die nicht so gerne Shakes trinken.

BA Power Protein Bar Riegel

Ein kraftgebender Süßersatz. Der Power-Protein-Riegel macht prima satt und ist ebenfalls für Süß-Freunde geeignet, die keine Shakes mögen.

BA Power Protein 90

Gewicht verlieren, besser aussehen und dabei die Muskeln erhalten – dieses Mehrkomponenten-Protein mit hochwertigen Proteinquellen für eine eiweißreiche Ernährung macht's möglich. Eignet sich auch zum Backen und für Joghurt-Quarkspeisen.

BA 100 % Whey Protein

Ein gut sättigender Shake für Sportler, der vor und nach dem Training getrunken wird. Er gehört zu den schnell verfügbaren Proteinen, die für Muskelerhalt sorgen.

BA Diet Shake

Keine Zeit, um selbst zu kochen? Dieser Shake ersetzt eine Mahlzeit und hält schlank. Er gehört zu den sehr kalorienarmen Formula-Diäten, mit denen man schnell und effektiv abnehmen kann („Very low calorie diet").

BA Lipo 100 & Lipo 100 Fem

Dieser Fatburner liefert Cholin und Zink für einen verbesserten Fettstoffwechsel. Er enthält zusätzlich Koffein, um die Ausdauerleistung zu verbessern und die Fettverbrennungsphase zu intensivieren.

BA Protein Pudding

Sie möchten abnehmen, aber nicht ganz auf Süßes verzichten? Dann ist dieser eiweißreiche Pudding ein prima Snack. Er stillt den Süßhunger.

BA Appetite Reducer

Appetite Reducer enthält Ballaststoff-Fasern, die das Sättigungsgefühl wegen ihrer hohen Quellfähigkeit verstärken. Damit werden Hunger und Appetit sinnvoll reguliert.

BA Daily Vital

Vitamine braucht der Mensch. Wer im Alltag nicht dazu kommt, Obst und Gemüse zu essen, kann mit diesem Multivitaminpräparat nachhelfen.

JabuVit Protein Dinkel & Low Carb Nudeln

JabuVit Protein Dinkel & Low Carb Nudeln, JabuVit Low Carb Bread, JabuVit Low Carb Pizza oder JabuVit Protein Müsli – wer kohlenhydratarm isst, verzichtet häufig auf Brot, Nudeln, Pizza oder Müsli, da die zwar viel Energie

liefern, aber gleichzeitig schlecht satt machen. Das muss nicht sein. Spezielle Low-Carb-Lebensmittel enthalten mehr Eiweiß und weniger Kohlenhydrate.
Damit haben Sie immer Alternativprodukte in der Speisekammer, wenn Sie zum Beispiel zwischendurch mal richtig Lust auf Pizza oder Nudeln bekommen.

My Supps My Flavouring System
Diese Aromen gibt es in 13 verschiedenen Geschmacksrichtungen. Man kann damit Quark-, Joghurtspeisen und Heißgetränke zubereiten. Sie enthalten kaum Kalorien und Kohlenhydrate und eignen sich gut für eine kohlenhydrat- und kalorienarme Ernährung.

Für starke Muskeln

Sie möchten kräftiger werden, perfekte Muskeln aufbauen – und das mit Ernährung optimal unterstützen? Lesen Sie hier, was Body Attack und JabuVit speziell für den Muskelaufbau bieten.

BA Extreme Whey Deluxe
Dient zur Unterstützung einer eiweißbetonten Ernährung und fördert den Aufbau von Muskelmasse, denn es enthält B-Vitamine und Mineralien für einen aktiven Energiestoffwechsel. Gut geeignet ist das Produkt für Joghurt-Quarkspeisen.

BA Whey Amino Gold
Tabletten statt Shakes sind für alle geeignet, die nicht gerne Shakes trinken. Sie enthalten Molkenprotein zur Unterstützung einer eiweißbetonten Ernährung und für den Muskelaufbau.

BA Power Weight Gainer
Der kalorienreiche Shake besteht zu 70 Prozent aus Maisstärke und zu 20 aus Milcheiweiß. Durch diese Zusammensetzung liefert eine Portion in Milch über 800 kcal und erleichtert hochkalorische Aufbauernährung.

BA Carb Control & BA Power Protein Bar
Sie mögen Süßes, aber nicht als Shake? Dann erleichtern diese Riegel die tägliche Eiweißzufuhr für alle, die Muskelmasse aufbauen wollen und nicht gerne Milch-Shakes trinken. Sie sind auch gut geeignet, wenn nicht genug Zeit zum Kochen bleibt.

My Supps Maxximum Mass Gainer
Beim Aufbau von Muskelmasse unterstützt dieser kalorienreiche Kohlenhydrat-Eiweiß-Shake mit hoher Energiezufuhr. Er enthält zudem genügend Kreatin, um die Kraftleistungen im Training zu verbessern. Gut geeignet für Leute, die Masse aufbauen wollen, aber keine Zeit für mehr als drei Mahlzeiten täglich haben.

BA Essential Aminos 5700
Alle, die sich einseitig ernähren und selten Nahrungsproteine essen, können durch diesen Aminosäuren-Komplex

alle wichtigen Proteinbausteine für den Muskelaufbau bereitstellen. Ideal auch für die, die keinen Protein-Shake mögen oder tagsüber keine Shakes trinken möchten.

BA Carnosyn und Muscle Creatine

Mit diesem Produkt unterstützen Sie das Schnellkrafttraining, denn die Muskelermüdung wird hinausgezögert, was die Kraftleistung erhöhen kann. Es fördert die Trainingsleistungen und setzt das Muskelwachstum durch ausreichende Energie- und Proteinzufuhr in Gang.

BA Nitro Pump 2.0

Nitro Pump ist ein Trainings-Booster, der die Trainingsleistung beim Krafttraining fördert. Man kann damit mehr Wiederholungen machen und höhere Gewichte stemmen.

BCAA 9700

Dieses Produkt liefert drei essentielle Aminosäuren, die zu einem Drittel in der Muskulatur vorkommen. Der Körper benötigt diese Aminosäuren täglich, um die Körper- und Muskelproteine wieder aufzubauen.

BA Protein Pancake

Auch Sportler naschen gerne und haben gelegentlich Lust auf etwas Süßes. Die Produkte BA Protein Pudding, BA Protein Pancake und JabuVit Protein Müsli sind süße leckere Snacks mit hohem Eiweißgehalt. Sie bringen zum einen viel Protein, zum anderen sorgen sie aber auch für Abwechslung in der täglichen Ernährung, was das Durchhalten erleichtert. Wer Protein-Pudding im Haus hat, muss nicht auf Süßspeisen verzichten.

Mehr Power für Ausdauersportler

Wer im Training länger durchhalten will, braucht Vitamine, Mineralien, viele Kohlenhydrate und Eiweiß zum Muskelerhalt. Diese Produkte von Body Attack und JabuVit unterstützen alle, die ihre Kondition verbessern möchten.

BA Power Weight Gainer

Der kohlenhydratreiche Protein-Shake ist ideal zur Regeneration nach intensiver Ausdauerbelastung. Er liefert ausgewählte Vitamine und Mineralien für den Energie- und Muskelstoffwechsel. Der Shake macht es allen Sportlern leichter, die sich kohlenhydrat- und energiereich ernähren wollen.

BA Carbo Loader

Der BA Carbo Loader liefert konzentrierte Kohlenhydrate zur Anreicherung von Getränken und Speisen, damit auch in anstrengenden Trainingsphasen genug Kohlenhydrate zur Verfügung stehen. Außerdem enthält der Carbo Loader Vitamine und Mineralien für den Energie- und Muskelstoffwechsel.

BA Power Protein Bar

Dieser Riegel liefert eine kleine Portion schnelle Kohlenhydrate und ist vor, während und nach dem Training geeignet. Er enthält Vitamine und L-Carnitin; beides nimmt eine Schlüsselrolle im Energie- und Fettstoffwechsel ein.

BA Power Protein 90

Wenn Sie intensiv trainieren und dabei zu wenig Energie und Kohlenhydrate aufnehmen, unterstützt dieses Mehrkomponenten-Protein mit hochwertigem Eiweiß die Muskelerhaltung. Es eignet sich zum Backen und für Joghurt-Quarkspeisen.

BA Extreme ISO Whey

Dieses Produkt liefert vor und nach dem Sport schnell verfügbare Proteine. Damit bleiben Muskeln erhalten, auch wenn sonst wenig Energie zugeführt wird.

BA Carnosyn

Sie möchten länger in höherem Tempo laufen? Carnosyn trägt dazu bei, dass Sie nicht so schnell müde werden und die Ausdauerleistung erhöhen können.

BA Lipo 100

Ein echter Fatburner. Dank Cholin und Zink, die am Fettstoffwechsel beteiligt sind, und mithilfe von Koffein wird die Ausdauer verbessert und die Fettverbrennung beschleunigt.

My Supps Caffeine Boost 450

Ideal ist Koffein bei geistigen und ausdauernden Belastungen. Es eignet sich für Ausdauersportler. Die sollten mindestens 3 mg Koffein pro Kilogramm Körpergewicht eine Stunde vor der Belastung mit ausreichend Flüssigkeit einnehmen, um ihre Leistung zu verbessern.

BA Magnesium und Calcium, BA Magnesium Shots

Ob Sie nur kurz oder besonders lange und intensiv trainieren möchten – diese Produkte unterstützen die Muskelfunktionen bei allen Ausdauerbelastungen.

BA Endurance Booster

Ein guter Trainings-Booster, der zu besonders schnellen und kraftvollen Leistungen und zu besseren Ergebnissen im Training führt.

Zinc Pro

Wenn es beim intensiven Ausdauertraining mal besonders hart zur Sache geht, hilft Zinc Pro. Es unterstützt die Eiweißsynthese und den Energiestoffwechsel in anstrengenden Trainingsphasen.

BA BCAA + Glutamine 12000

Die Kombination liefert wichtige Bausteine für den Proteinstoffwechsel, die zum Wiederaufbau in anstrengenden Trainingsphasen oder bei einem energetischen Engpass vom Körper benötigt werden.

JabuVit Low Carb & Protein Müslis

Diese Müslis sind für alle geeignet, die gerne Müslis mögen und gleichzeitig aber auf eine kohlenhydratbetonte Ernährung achten müssen.

BA Isotonic Sports Drink

Das Getränkepulver enthält genau die Mengen an Kohlenhydraten und Mineralien, die vom Körper zügig aufgenommen werden. Das hat den Vorteil, dass die Muskeln rechtzeitig mit Energie versorgt werden. Zudem verhindert es eine Unterzuckerung während einer sehr intensiven und langen Ausdauerbelastung.

IMPRESSUM

Bibliografische Information der Deutschen Nationalbibliothek
Die Deutsche Nationalbibliothek verzeichnet diese Publikation in der Deutschen Nationalbibliografie. Detaillierte bibliografische Daten sind im Internet abrufbar: http://www.dnb.de

Jäger, Hajo (2016):
Fit auf Rezept. Das Kochbuch für Sportler.
Powered by Body Attack Sports Nutrition.
Leipzig: Draksal Fachverlag
ISBN 978-3-86243-140-3

Art Director: Britta Schult
Redaktion und Realisation: Journalistenbüro Hamburg
Schlussredaktion: Christa Flesner-Drechsler
Bilder: Udo Bojahr
Verantwortlich für den Inhalt:
Body Attack Sports Nutrition GmbH & Co. KG
Copyright: Draksal Fachverlag GmbH

Verlag:
Draksal Fachverlag GmbH
Postfach 10 04 51
D-04004 Leipzig
www.draksal-verlag.de
mail@draksal-verlag.de

Alle Ratschläge, Gedanken und Tipps beruhen auf Erfahrungen und Meinungen des Autors. Sie wurden nach bestem Wissen und Gewissen und mit größtmöglicher Sorgfalt erstellt. Eine Garantie kann jedoch nicht übernommen werden. Ebenso ist eine Haftung des Verfassers bzw. des Verlages für Personen-, Sach- oder Vermögensschäden ausgeschlossen.